Ao Coração de
DEUS

Coletânea Ecumênica de Orações

Copyright © 2016 *by* Paiva Netto

Produção editorial e revisão: *Equipe Elevação*
Impressão: *Mundial Gráfica*
Fotos: *Photos.com*
Diagramação: *Equipe Elevação*
Capa: *Alziro Braga*

A 1ª edição desta obra foi publicada em setembro de 1990.

Depósito legal na Biblioteca Nacional conforme Decreto nº 1.825, de 20 de dezembro de 1907.

Dados Internacionais de Catalogação na Publicação (CIP)
(Câmara Brasileira do Livro, SP, Brasil)

Paiva Netto, José de
    Ao Coração de Deus : coletânea ecumênica de orações / Paiva Netto. – 69. ed. – São Paulo : Elevação, 2016.

    Bibliografia.
    ISBN 978-85-7513-221-0

    1. Orações – Coletânea I. Título.

16-00997   CDD-242.8

Índices para catálogo sistemático:

1. Orações : Coletânea Literatura devocional 242.82

ISBN 978-85-7513-221-0

Todos os direitos desta edição
são reservados à Editora Elevação.
Av. Eng. Luiz Carlos Berrini, 1.748, cj. 2.512
São Paulo/SP — Brasil
CEP 04571-000 — Tel.: (11) 5505-2579
www.elevacao.com.br — sac@elevacao.com.br

PAIVA NETTO

Ao Coração de
DEUS

Coletânea Ecumênica de Orações

O Mistério de Deus
por Jesus Cristo Revelado
é o Amor!

Paiva Netto

Tratado do Novo Mandamento de Jesus

A Espiritualmente Revolucionária Ordem Suprema do Divino Mestre representa o diferencial da Religião de Deus, do Cristo e do Espírito Santo, base de todas as suas ações de promoção espiritual, social e humana, pela força do Amor Fraterno por Ele trazido ao mundo.

Ensinou Jesus, o Cristo Ecumênico, o Divino Estadista:

"$^{13:34}$*Novo Mandamento vos dou: Amai-vos como Eu vos amei.* $^{13:35}$*Somente assim podereis ser reconhecidos como meus discípulos, se tiverdes o mesmo Amor uns pelos outros.* $^{15:7}$*Se permanecerdes em mim e as minhas palavras em* vós permanecerem, pedi o que quiserdes, e vos será concedido. ⁱ⁵:⁸*A glória de meu Pai está em que deis muito fruto; e assim sereis meus discípulos.*

¹⁵:¹⁰*Se guardardes os meus mandamentos, permanecereis no meu Amor; assim como tenho guardado os mandamentos de meu Pai e permaneço no Seu Amor.*

¹⁵:¹¹*Tenho-vos dito estas coisas a fim de que a minha alegria esteja em vós e a vossa alegria seja completa.*

¹⁵:¹²*O meu Mandamento é este: que vos ameis como Eu vos tenho amado.* ¹⁵:¹³*Não há maior Amor do que doar a própria Vida pelos seus amigos.* ¹⁵:¹⁴*E vós sereis meus amigos se fizerdes o que Eu vos mando.* ¹⁵:¹⁷*E Eu vos mando isto: amai-vos como Eu vos amei.*

¹⁵:¹⁵*Já não mais vos chamo servos, porque o servo não sabe o que faz o seu senhor. Mas*

tenho-vos chamado amigos, porque tudo quanto aprendi com meu Pai vos tenho dado a conhecer.

$^{15:16}$Não fostes vós que me escolhestes; pelo contrário, fui Eu que vos escolhi e vos designei para que vades e deis bons frutos, de modo que o vosso fruto permaneça, a fim de que, tudo quanto pedirdes ao Pai em meu nome, Ele vos conceda.

$^{15:17}$E isto Eu vos mando: que vos ameis como Eu vos tenho amado.

$^{15:9}$Porquanto, da mesma forma como o Pai me ama, Eu também vos amo. Permanecei no meu Amor".

(Tratado do Novo Mandamento de Jesus, reunido por Paiva Netto, consoante o Evangelho do Cristo de Deus, segundo João, 13:34 e 35; 15:7, 8, 10 a 17 e 9.)

"Se esta obra é de homens, não triunfará. Mas se é de Deus, não a combatais, pois estareis combatendo o próprio Deus."

Gamaliel
(Atos dos Apóstolos de Jesus, 5:38 e 39)

"Respondendo Pedro e João aos sinedritas, disseram: 'Não podemos deixar de falar daquilo que vimos e ouvimos. (...) Importa antes agradar a Deus que aos homens'."

(Atos dos Apóstolos de Jesus, 4:19 e 20 e 5:29)

Tudo fica para trás. Jesus, o Cristo Ecumênico e Divino Estadista, permanece! Ele disse: *"Passará o Céu, passará a Terra, mas as minhas palavras não passarão"* (Evangelho, segundo Lucas, 21:33).

Do autor

Agradecimento

Nosso sincero agradecimento a todos aqueles que encaminharam orações e aforismos de suas crenças religiosas, filosóficas e ideológicas e também a profissionais de diversas áreas que, de alguma forma, contribuíram para que a presente obra se consolidasse numa verdadeira fonte inspiradora de Amor, Fé e pertinácia, esses três atributos de que tanto a Humanidade necessita nos tempos cruciais que vivemos.

Naturalmente, não foi possível incluir no primeiro volume preces e conceitos de maior número das devoções e múltiplos pensares existentes na Terra. Aproveitamos o ensejo desta nova edição para enriquecê-la como faremos às demais, com o auxílio daqueles que puderem nos indicar preces e reflexões representativas de outros segmentos da sociedade, pois, acima das aparentes divergências, em nosso anseio espiritual de Paz interior, somos todos igualmente irmãos diante de Deus, incluídos os descrentes.

Cuida do Espírito, reforma o ser humano. E tudo se transformará.

Paiva Netto

Quando se ora, a Alma respira,

fertilizando a existência humana.

Fazer prece é essencial para

desanuviar o horizonte do coração.

SUMÁRIO

Tratado do Novo Mandamento de Jesus 5
Agradecimento 11
Alguns pensamentos sobre a Oração 19
Pai-Nosso (Jesus) 27
Prece dos Homens de Boa Vontade (São Francisco de
Assis, Patrono da Legião da Boa Vontade) 31
Prece de São Francisco de Assis 35
As Bem-Aventuranças do Sermão da Montanha de Jesus 39
Deus é o meu refúgio (Paiva Netto) 42
Nas Aflições da Vida (Extraída de *O Evangelho Segundo o
Espiritismo*) 47
Jesus! (Paiva Netto) 51
Prece de Cáritas 53
Oração (Marlene Bentim) 56
Soberano do Universo (Oração judaica) 58
Prece Diária (Prece xintoísta) 61
Amigos (Paiva Netto) 69
Prece Islâmica (Alcorão Sagrado) 71
Oração a São Miguel Arcanjo (Papa Leão XIII) 72
Oração para toda a Humanidade (Baha'ís) 74
Prece para a viagem (Jamil Rachid) 76
Adoração ao Shari (Prece budista) 78
Mantras védicos pela Paz 82
A grandeza está no serviço espontâneo (Lao-tsé) 86
Chave de Harmonia (Círculo Esotérico da Comunhão
do Pensamento) 89

Oração de um ateu 91
Prece da Serenidade 95
Oração (Rabindranath Tagore) 96
A Prece do Copo d'Água (Alziro Zarur) 98
Magnificat (Maria Santíssima) 102
Ave, Maria! (Fagundes Varela) 105
Oração (José Silvério Horta) 109
Oração dos Meninos (João de Deus) 113
Oração Nossa (Emmanuel) 117
Ave, Maria! (Amaral Ornellas) 121
Oração da Criança (Emmanuel) 125
Prece (Emmanuel) 129
Perfeita virtude 130
Prece (Fernando Pessoa) 132
Boa Vontade humana, Boa Vontade
Divina (Dr. Luís Pilotto) 135
Prece do Motorista 139
Oração do ator (José Expedito Marques) 140
Ao Cristo Crucificado (Santa Teresa
de Jesus — versão: Fernando Rocha) 143
Escuta-me, Deus! 147
Deus (Eurípedes Barsanulfo) 151
Prece de Santo Agostinho 154
Oração dos que não sabem rezar (Newton Rossi) 157
Prece da Criança Boa (Leopoldo Machado) 161
Oração Gnóstica (V. M. Samael Aun Weor) 165
Oração da Criança (Rita de Cássia Mineto) 169
Prece da vigilância espiritual (Alziro Zarur) 173
Ao Cristo, com decisão! (Paiva Netto) 175
Prece da Juventude Legionária da Boa Vontade
nos meios de comunicação (Paiva Netto) 177
Índice de nomes 181
Biografia 183

SUMÁRIO

EM ORDEM ALFABÉTICA

A grandeza está no serviço espontâneo (Lao-tsé) 86
A Prece do Copo d'Água (Alziro Zarur) 98
Adoração ao Shari (Prece budista) 78
Agradecimento 11
Alguns pensamentos sobre a Oração 19
Amigos (Paiva Netto) 69
Ao Cristo Crucificado (Santa Teresa
de Jesus – versão: Fernando Rocha) 143
Ao Cristo, com decisão! (Paiva Netto) 175
As Bem-Aventuranças do Sermão da Montanha de Jesus 39
Ave, Maria! (Amaral Ornellas) 121
Ave, Maria! (Fagundes Varela) 105
Biografia 183
Boa Vontade humana, Boa Vontade Divina (Dr. Luís Pilotto) ... 135
Chave de Harmonia (Círculo Esotérico da Comunhão do
Pensamento) 89
Deus (Eurípedes Barsanulfo) 151
Deus é o meu refúgio (Paiva Netto) 42
Escuta-me, Deus! 147
Índice de nomes 181
Jesus! (Paiva Netto) 51
Magnificat (Maria Santíssima) 102
Mantras védicos pela Paz 82
Nas Aflições da Vida (Extraída de *O Evangelho Segundo o
Espiritismo*) 47

Oração (José Silvério Horta) 109
Oração (Marlene Bentim) 56
Oração (Rabindranath Tagore) 96
Oração a São Miguel Arcanjo (Papa Leão XIII) 72
Oração da Criança (Emmanuel) 125
Oração da Criança (Rita de Cássia Mineto) 169
Oração de um ateu 91
Oração do ator (José Expedito Marques) 140
Oração dos Meninos (João de Deus) 113
Oração dos que não sabem rezar (Newton Rossi) 157
Oração Gnóstica (V. M. Samael Aun Weor) 165
Oração Nossa (Emmanuel) 117
Oração para toda a Humanidade (Baha'ís) 74
Pai-Nosso (Jesus) 27
Perfeita virtude 130
Prece (Emmanuel) 129
Prece (Fernando Pessoa) 132
Prece da Serenidade 95
Prece da Criança Boa (Leopoldo Machado) 161
Prece da Juventude Legionária da Boa Vontade
nos meios de comunicação (Paiva Netto) 177
Prece da vigilância espiritual (Alziro Zarur) 173
Prece de Cáritas 53
Prece de Santo Agostinho 154
Prece de São Francisco de Assis 35
Prece Diária (Prece xintoísta) 61
Prece do Motorista 139
Prece dos Homens de Boa Vontade
(São Francisco de Assis, Patrono da Legião da Boa Vontade) 31
Prece Islâmica (Alcorão Sagrado) 71
Prece para a viagem (Jamil Rachid) 76
Soberano do Universo (Oração judaica) 58
Tratado do Novo Mandamento de Jesus 5

lguns Pensamentos sobre a Oração

Vigiai e orai, para que não entreis em tentação. O Espírito, na verdade, está pronto, mas a carne é fraca. E Jesus (...) **orou**, dizendo as mesmas palavras.

(Jesus, no Seu Evangelho, segundo Marcos, 14:38 e 39)

A invocação do nome de Deus, feita com o coração cheio de sinceridade, atrai o amparo dos Espíritos Superiores.

Alziro Zarur
(1914-1979)
Jornalista, radialista, poeta e escritor
Saudoso Fundador da LBV

É preferível orar com o coração, sem encontrar palavras, a achar as palavras sem a adesão do coração.
Gandhi
(1869-1948)
Libertador da Índia

A oração gera uma força que os trêfegos jamais entenderão. (...) No seio da matéria viva, o Espírito passa quase despercebido e é, contudo, a força mais colossal deste mundo.
Alexis Carrel
(1873-1944)
Cientista francês e Prêmio Nobel de Fisiologia ou Medicina (1912)

(...) A oração feita por um justo pode muito em seus efeitos.
Epístola de Tiago, 5:16

Você certamente não duvida de que a oração traz à tona o nosso desejo. É preciso criar, no entanto, uma relação de cumplicidade com Deus, isto é, o desejo do homem não deve ir de encontro ao desejo divino. Apenas quando se estabelece a parceria Deus-homem, a oração se converte em uma alavanca.

Pastor Jonas Rezende
Pastor Emérito da Comunidade Cristã de Ipanema, escritor e professor de Sociologia

Toda oração é respondida. O Deus de Jesus Cristo não é surdo e nem cego. Ele atende às orações de todos — sejam pobres ou ricos, santos ou pecadores. Mudando as circunstâncias ou mudando as nossas atitudes, sempre nos confortando com a certeza da Sua inefável graça, que em tudo nos basta.

Pastor presbiteriano Nehemias Marien
(1933-2007)
Teólogo e conferencista

Graças Te dou, ó Deus, porque me salvas sempre com ásperas recusas.

Rabindranath Tagore
(1861-1941)
Poeta e pensador hindu

Ora et labora. *[Ora e trabalha.]*

São Bento
(480-547)

O caminho mais rápido para o encontro com Deus é a prece, que faz com que as criaturas falem diretamente com o Pai Celestial. A oração banhada pelo espírito de lealdade atinge a morada do Cristo.

Dr. Bezerra de Menezes
(1831-1900)
Abolicionista e político brasileiro, merecidamente reverenciado como o Médico dos Pobres

A grandeza da oração consiste em não entrar, nessa troca, a hediondez de um comércio.

Saint-Exupéry
(1900-1944)
Escritor francês, piloto. Autor da famosa obra O Pequeno Príncipe

A humildade é a essência da Criação Divina. A primeira providência para o encontro com Deus é liquidar com o orgulho. Quando a pretensão termina, o poder tem início.

Reverendo Stanley Eli Jones
(1884-1973)

Ora a Deus de manhã e ao anoitecer, e emprega o dia em tua
ocupação útil.

Profeta Muhammad — "Que a Paz e as bênçãos de Deus estejam sobre ele"
(570-632)

Sublime é a arte de conversar com Deus.

Tomás de Kempis
(1380-1471)
Monge alemão, autor de A Imitação de Cristo

Orar é buscar Deus. Dialogar é unir-se a Deus.

Leonardo Boff
Escritor e teólogo brasileiro

A oração é um diálogo com Deus. Ninguém alcança a própria salvação sem o auxílio de Deus; mas, se não orar, ninguém merece tal auxílio.

Santo Agostinho
(354-430)

Orar é falar com Deus, mas é também Deus a falar com a gente. Por isso, a oração desafoga o coração, renova a Alma e eleva todo o nosso ser. Adora a Deus, louva a Deus, pede perdão a Deus e suplica a Deus. Ora, Ora, Ora, sempre!

Dom Geraldo Maria de Moraes Penido
(1918-2002)
Saudoso Arcebispo Emérito de Aparecida/SP — Brasil

Oração e Trabalho são os recursos mais poderosos na criação moral do homem. A oração é o íntimo sublimar-se d'alma pelo contacto com Deus. O trabalho é o inteirar, o desenvolver, o apurar das energias do corpo e do Espírito, mediante a ação contínua de cada um sobre si mesmo e sobre o mundo onde labutamos.

Rui Barbosa
(1849-1923)
Notável jurista brasileiro

Pai-Nosso

(A Oração Ecumênica de Jesus*
que se encontra no Seu Evangelho,
segundo Mateus, 6:9 a 13.)

Pai Nosso, que estais no Céu
(e em toda parte ao mesmo tempo),
santificado seja o Vosso Nome.

Venha a nós o Vosso Reino (de Justiça e de Verdade).

---

* **Nota do autor:** Todos podem rezar o *Pai-Nosso*. Ele não se encontra adstrito a crença alguma, por ser uma oração universal, consoante o abrangente espírito de Caridade do Cristo Ecumênico, o Divino Estadista. Qualquer pessoa, até mesmo ateia (por que não?!), pode proferir suas palavras sem sentir-se constrangida. É o filho que se dirige ao Pai, ou é o ser humano a dialogar com a sua elevada condição de criatura vivente. Trata-se da Prece Ecumênica por excelência.

Seja feita a Vossa Vontade (jamais a nossa vontade)

assim na Terra como no Céu.

O pão nosso de cada dia dai-nos hoje

(o pão transubstancial, a comida que não perece, o alimento para o Espírito, porque o pão para o corpo, iremos consegui-lo com o suor do nosso rosto).

Perdoai as nossas ofensas,

assim como nós perdoarmos aos nossos

ofensores.

Não nos deixeis cair em tentação,

mas livrai-nos do mal,

porque Vosso é o Reino,

e o Poder, e a Glória para sempre.

Amém!

Prece dos Homens de Boa Vontade

São Francisco de Assis*
(Patrono da Legião da Boa Vontade)

Senhor!
No silêncio deste dia que amanhece,
venho pedir-Te a Paz, a sabedoria, a força.
Quero hoje olhar o mundo com os olhos
cheios de Amor.
Quero ser paciente, compreensivo,
prudente.
Quero ver, além das aparências, Teus filhos
como Tu mesmo os vês,
e assim, Senhor, não ver senão o Bem em
cada um deles.
Fecha meus ouvidos a toda calúnia,
guarda a minha língua de toda a maldade.
Que só de bênçãos se encha a minha Alma.
Que eu seja tão bom e tão alegre que todos

aqueles que se aproximem de mim sintam a Tua presença.

Reveste-me de Tua beleza, Senhor, e que no decurso deste dia eu Te revele a todos.

"*Glória a Deus nas Alturas, Paz na Terra aos Homens da Boa Vontade de Deus!*"

---

* **São Francisco de Assis** — Filho de Pedro di Bernardone, um rico negociante, recebeu o nome de Giovanni di Pietro di Bernardone, sendo depois rebatizado com o nome de Francesco. Nasceu na cidade de Assis, Itália, e lutou na guerra contra a Perugia, quando foi capturado e mantido prisioneiro por quase um ano. Após retornar da batalha, renunciou a seus bens e fez voto de pobreza. Na igreja de São Damião de Assis, ouviu do crucifixo a ordem de reformar a igreja, que estava quase em ruínas. Entendeu que fosse o local e pôs mãos à obra. Contudo, o recado espiritual que ouviu era muito mais amplo. Fundou a Ordem dos Frades Menores, reconhecida pelo Concílio de Latrão em 1215. Morreu em Assis, em 3 de outubro de 1226. Foi canonizado em 1232, e é festejado em 4 de outubro. Proclamado o Santo do Ecumenismo por Paiva Netto, é o Patrono da Legião da Boa Vontade (LBV).

PRECE DE SÃO FRANCISCO DE ASSIS

Versão do saudoso Fundador da Legião da
Boa Vontade, **Alziro Zarur** (1914-1979)

Senhor, fazei de mim um instrumento da Vossa Paz;
onde haja ódio, consenti que eu semeie Amor;
perdão, onde haja injúria;
fé, onde haja dúvida;
verdade, onde haja mentira;
esperança, onde haja desespero;
luz, onde haja treva;
união, onde haja discórdia;
alegria, onde haja tristeza.

Ó Divino Mestre!
Permiti que eu não procure
tanto ser consolado quanto consolar;
compreendido quanto compreender;
amado quanto amar.
Porque é dando que recebemos;
perdoando é que somos perdoados;
e morrendo é que nascemos para a Vida Eterna.

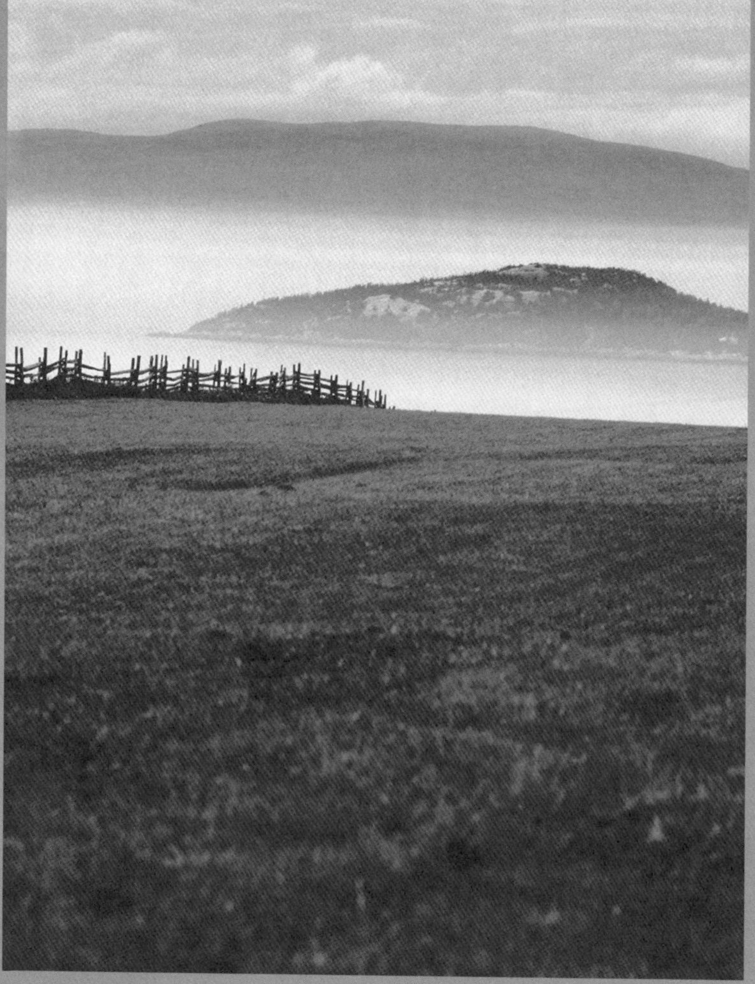

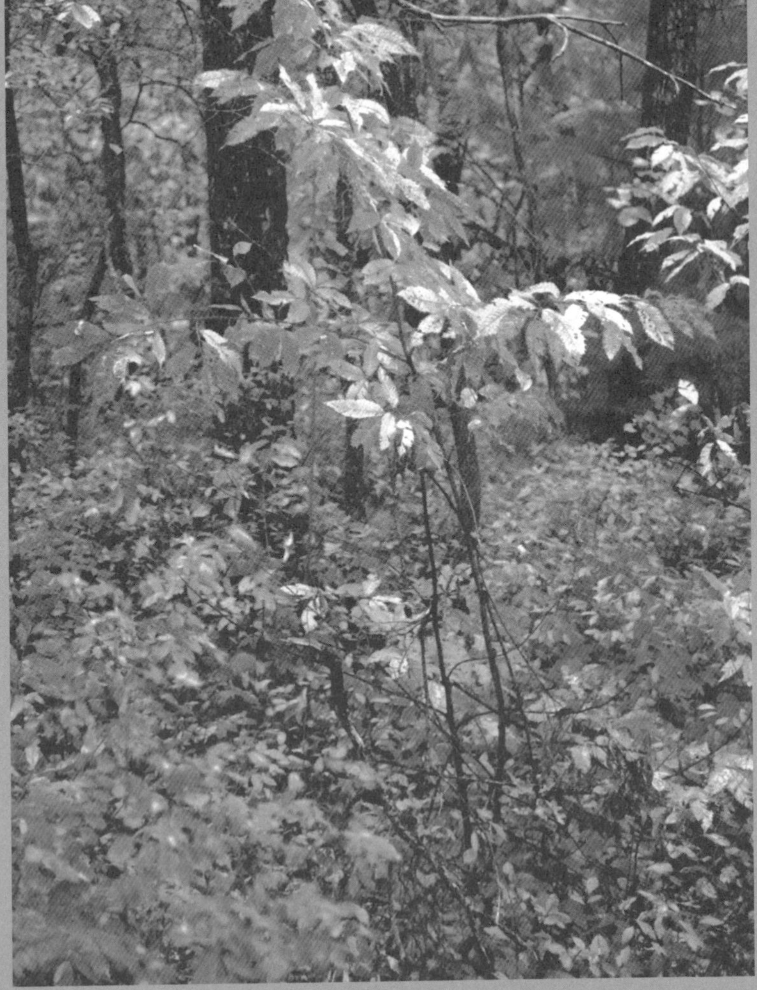

As Bem-Aventuranças
do Sermão da Montanha de Jesus

(Evangelho do Cristo, segundo Mateus,
5:1 a 12, da magnífica forma com que
Alziro Zarur as proferia.)

*Jesus, vendo a multidão, subiu ao monte.
Sentando-se, aproximaram-se Dele os Seus
discípulos e Jesus ensinava, dizendo:*

*Bem-aventurados os humildes,
porque deles é o Reino do Céu.
Bem-aventurados os que choram,
porque eles serão consolados pelo
próprio Deus.
Bem-aventurados os pacientes,
porque eles herdarão a Terra.
Bem-aventurados os que têm fome e sede de Justiça,
porque eles terão o amparo da Justiça Divina.*

*Bem-aventurados os misericordiosos,
porque eles alcançarão misericórdia.
Bem-aventurados os limpos de coração,
porque eles verão Deus face a face.
Bem-aventurados os pacificadores,
porque eles serão chamados filhos de Deus.
Bem-aventurados os que são perseguidos por causa
da Verdade, porque deles é o Reino do Céu.
Bem-aventurados sois vós, quando vos
perseguem,
quando vos injuriam e, mentindo,
fazem todo o mal contra vós por minha causa.
Exultai e alegrai-vos,
porque é grande o vosso galardão no Céu.
Porque assim foram perseguidos os Profetas que
vieram antes de vós.*

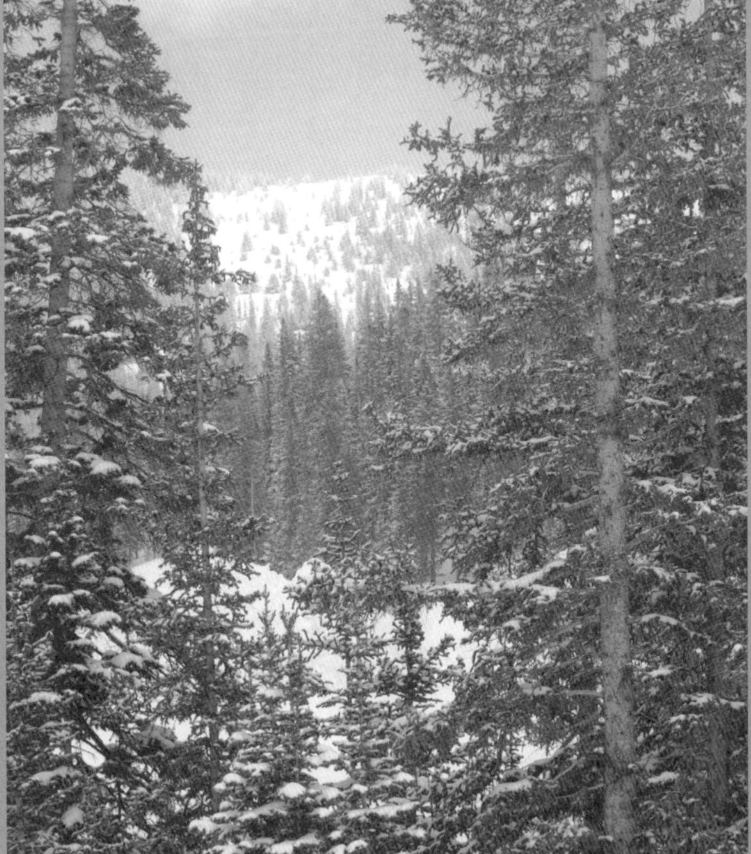

Deus é o meu refúgio

Paiva Netto

Ó Deus, que sois o meu refúgio, a Vós, outra vez, ergo o meu pensamento e encontro resposta aos meus propósitos, amparo aos mais desafiantes projetos, porque jamais prostrarei a Vossa Bandeira, que preconiza: *"(...) Paz na Terra aos de Boa Vontade"* (Evangelho do Cristo, segundo Lucas, 2:14).
Longe de mim as cassandras do desânimo, que proclamam um Juízo Final sem remissão, quando sois Vós — em tudo — o Princípio Eterno da permanência pujante de vida. De Vós não escuto o abismo; todavia, deslumbro a redenção.
Creio no Amor Universal, que conduz

à sobrevivência o gênero humano, que é teimoso em subsistir, apesar das muitas ciladas que lhe são dispostas no caminho. Esta é a minha Fé Realizante, que vive em Paz com as outras; o meu ideal ecumênico de Boa Vontade, que se esforça pela confraternização de todas as nações, por serem formadas por criaturas Vossas, ó Criador Único de Céus e Terra! Sois a Fraternidade Suprema, o abrigo dos corações. (...) Achei-me a mim porque me identifiquei no Vosso Amor. Sois o auxílio conclusivo à minha Alma.

Sinto o meu ser transbordar de alegria. Em Vosso Espírito, reconheço-me como irmão dos meus irmãos em humanidade. Nesse Éden, que é o Vosso Sublime Afeto, não me vejo como expatriado, abatido pelas procelas do desalento, distante dos entes mais queridos. Enfim, me encontrei,

Ó Deus!, porque Vos encontrei.
Vós me esperáveis, há tanto tempo, e eu não sabia. Portanto, meu coração não vaga sem paradeiro: no Vosso Divino Seio, achei guarida; sob Vosso Amor, meu seguro teto; no Vosso Colo, descanso para a Alma.
Graças Vos dou, Pai Magnânimo, por me ouvirdes!
Hoje, compreendo que sois integralmente Amor, isto é, Caridade, Mãe e Pai da verdadeira Justiça.
Em Vós habita, com fartura, a genialidade pela qual tantos demandam, pois dela o planeta carece: a Vossa Majestosa Luz, que desce a nós indistintamente, mesmo que não o percebamos.
Confiante em Vosso Critério Sobrenatural, entrego-Vos meu destino, porque a minha segurança de filho está na Vossa Sabedoria de Pai!
Que assim seja!

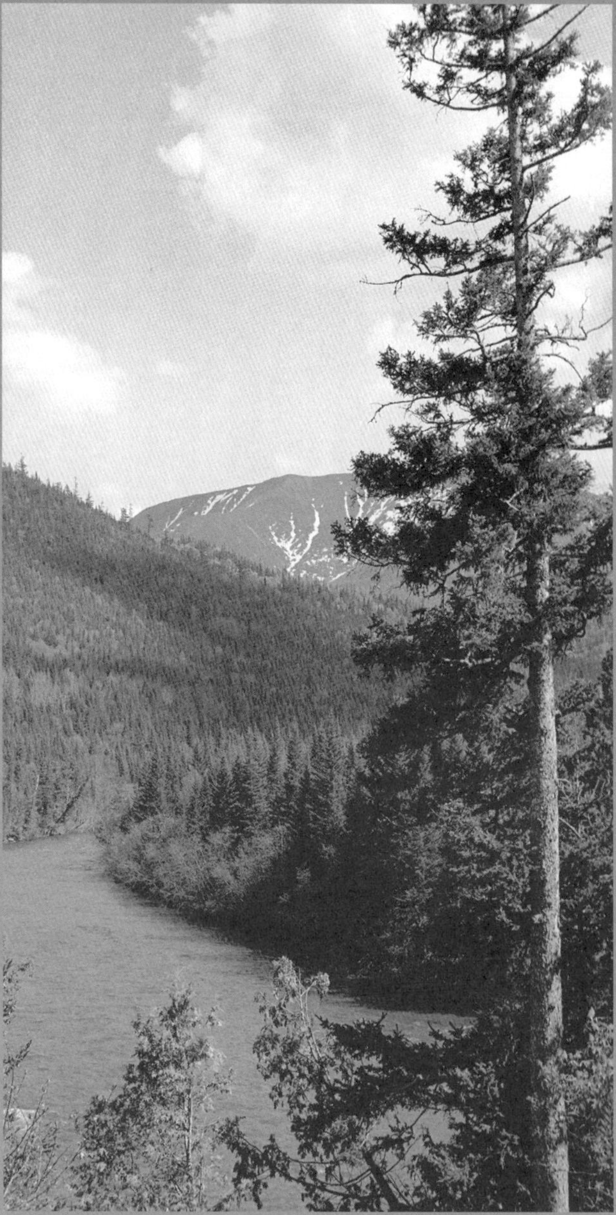

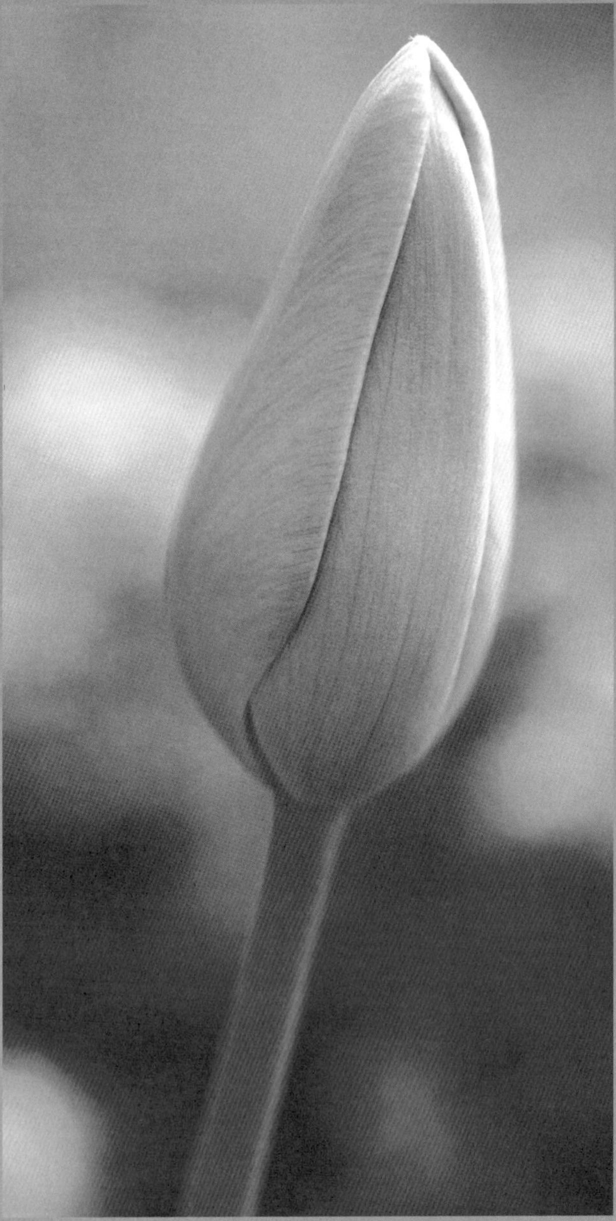

Nas Aflições da Vida

Extraída de *O Evangelho Segundo o Espiritismo*, de **Allan Kardec***

Deus Onipotente, que vês as nossas misérias, digna-te de escutar, benevolente, a súplica que neste momento Te dirijo. Se é insensato o meu pedido, perdoa-me; se é justo e adequado segundo os Teus olhos, que os bons Espíritos, executores das Tuas vontades, possam vir em meu auxílio para que ele seja satisfeito.

Como quer que seja, meu Deus, faça-se a Tua vontade. Se os meus desejos não forem atendidos, é que está nos Teus desígnios experimentar-me e eu me submeto sem me queixar.

Faze que por isso nenhum desânimo me assalte e que nem a minha fé nem a minha resignação sofram qualquer abalo.

---

* **Allan Kardec** (1804-1869) — Nome com que ficou conhecido Hippolyte Léon-Denizard Rivail. Nascido na França, foi um dos discípulos mais eminentes do famoso educador Johann Heinrich Pestalozzi (1746-1827). Por volta de 1855, Kardec entregou-se à observação criteriosa dos fenômenos espirituais que sacudiram o mundo ocidental, tornando-se, mais tarde, conhecido como "O Codificador do Espiritismo". Suas mais destacadas obras são: *O Livro dos Espíritos, O Livro dos Médiuns, O Evangelho Segundo o Espiritismo, O Céu e o Inferno* e *A Gênese*, tidas como Pentateuco Kardequiano. Também possui destaque *Obras Póstumas*. Foi chamado por Camille Flammarion (1842-1925), na cerimônia de sepultamento do seu corpo, em Paris, em abril de 1869: *O bom senso encarnado*.

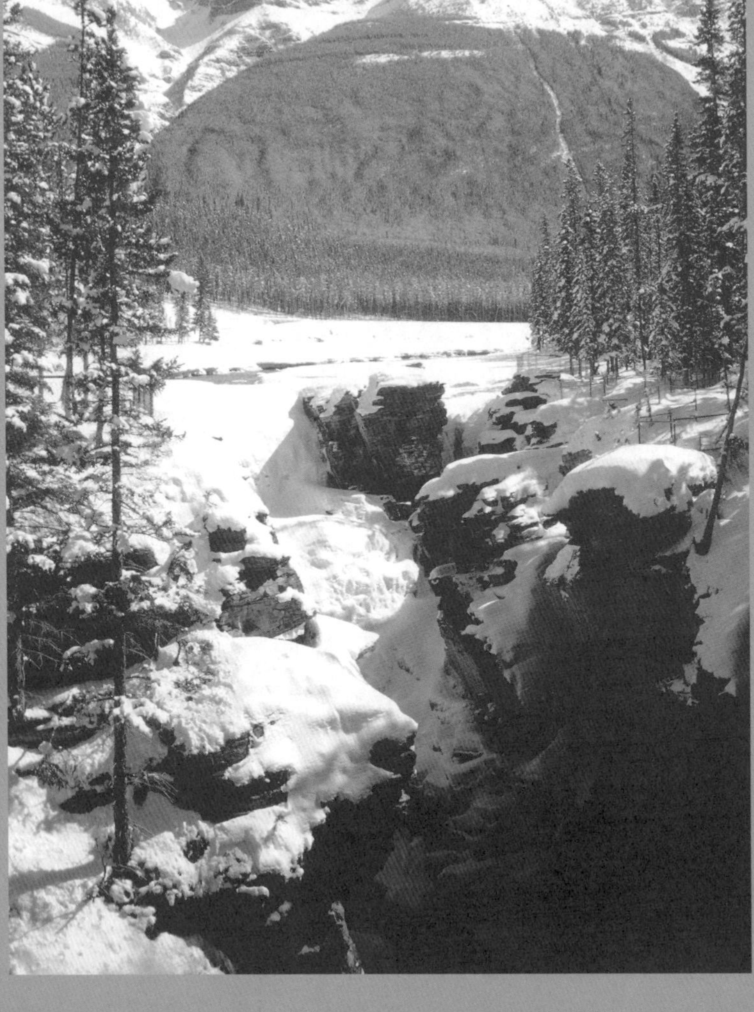

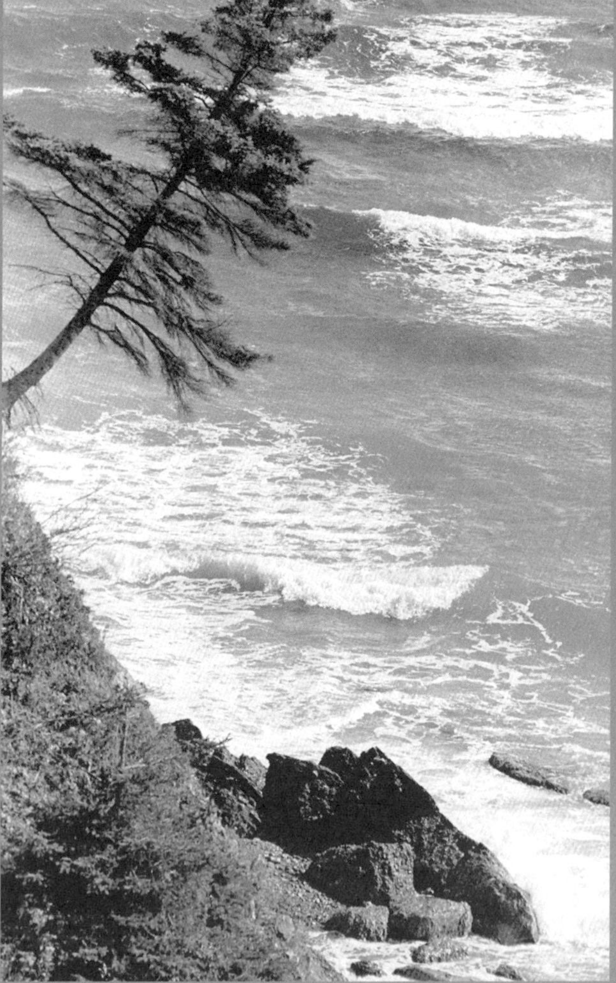

Jesus! *

Paiva Netto

Na Terra, o Cristo é o Senhor!
Estará comigo aonde eu for.
Desço ao mar, subo aos Céus,
Venço o ódio e os labéus.
Canto à Luz,
Grito forte: Jesus!

Céus e Terra sempre existirão.
E a Verdade e o Amor governarão.
E Deus ditará nosso destino, então,
Com a Fraternidade e a Glória
Do Seu Coração.

---

* Esta prece foi ditada por Paiva Netto ao Legionário da Boa Vontade Luciano Duarte Pereira, em 26/11/1994, numa viagem pela autoestrada do Porto a Lisboa. É uma das mais belas composições interpretadas pelo Coral Ecumênico Boa Vontade. A melodia é do maestro Vanderlei Alves Pereira.

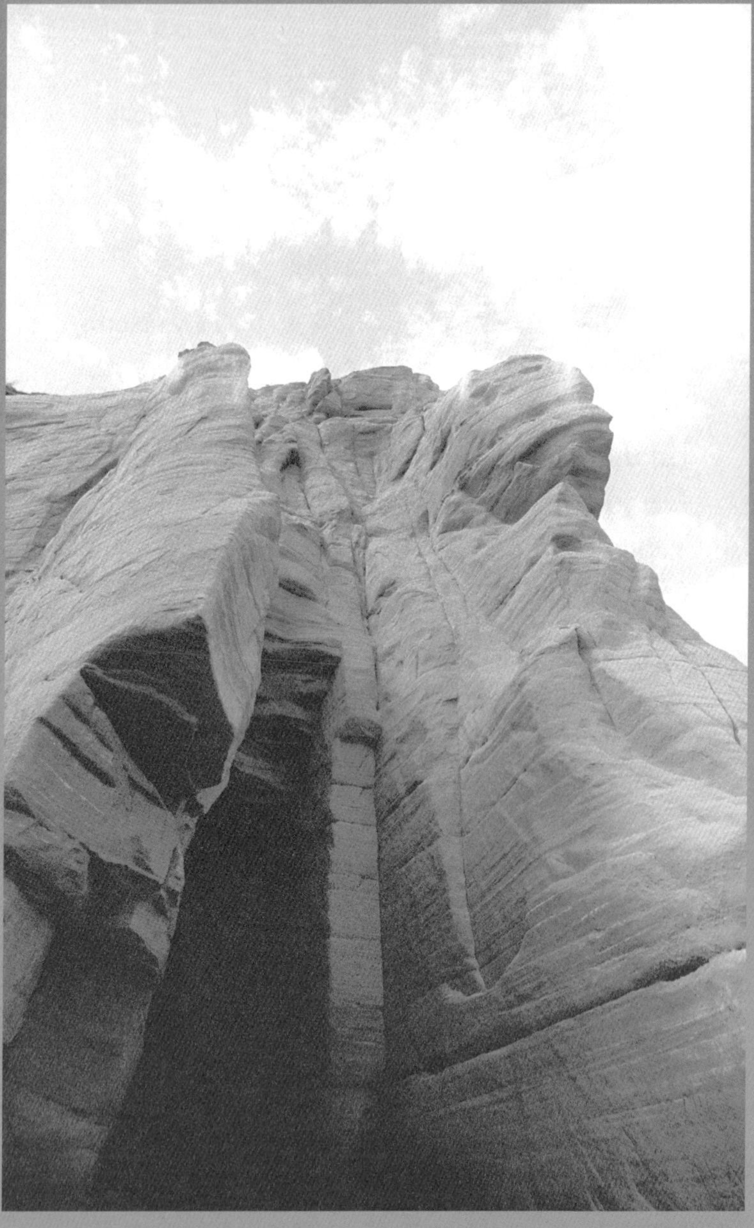

Prece
de Cáritas*

Deus, nosso Pai,
que sois todo o Poder e Bondade,
dai força àqueles
que passam pela provação,
dai luz àqueles
que procuram a Verdade,
ponde no coração do homem
a compaixão e a Caridade.
Deus!
dai ao viajor a estrela-guia,
ao aflito, a consolação,
ao doente, o repouso.
Induzi o culpado ao arrependimento.
Dai ao Espírito a verdade,
à criança, o guia,
ao órfão, o pai.

Senhor! Que a Vossa Bondade
se estenda sobre tudo o que criastes.
Piedade, Senhor,
para aqueles que não Vos conhecem,
esperança para aqueles que sofrem.
Que a Vossa Bondade permita
aos Espíritos consoladores
derramarem por toda a parte a Paz, a
Esperança, a Fé!
Oh! Deus!
um raio, uma centelha do Vosso Amor
pode iluminar a terra,
deixai-nos beber nas fontes
dessa Bondade fecunda e infinita.
E todas as lágrimas secarão,
todas as dores se acalmarão.
Um só coração, um só pensamento subirá
até Vós, como um grito de reconhecimento
e de amor.
Como Moisés sobre a montanha,
nós Vos esperamos com os braços abertos,
Oh! Bondade,

Oh! Beleza,
Oh! Perfeição.
Nós queremos, de alguma sorte,
merecer a Vossa misericórdia.
Deus!
dai-nos força,
ajudai o nosso progresso
a fim de subirmos até Vós;
dai-nos a caridade pura e a humildade;
dai-nos a fé e a razão;
dai-nos a simplicidade,
Pai,
que fará de nossas almas
o espelho onde se refletirá
a Vossa Divina Imagem.

---

* **Prece de Cáritas** — Psicografada na noite de Natal, 25 de dezembro de 1873, por Madame W. Krell, em Bordeaux (França), ditada pelo Espírito denominado Cáritas, e publicada em *Rayonnements de la Vie Spirituelle*.

Oração

Marlene Bentim (1936-2012)
Saudosa integrante da Associação
das Senhoras Evangélicas de São Paulo

Pai Todo-Poderoso e Deus eterno, fervorosamente erguemos a Ti nossos olhos em busca do auxílio e da direção no meio de tantos problemas. Vem, Pai, e mostra-nos como servir e como ficar ao lado dos que lutam pela justiça social e pelos seres humanos. Ó Jesus Cristo, Senhor e Salvador, para viver não mais por nós, mas por Ti, que, na intimidade de nossos lares, ilumina nossas mentes e estimula nossos corações com o desejo de por Ti viver.

Dá-nos vontade de amar-Te e servir-Te, amando e servindo aos outros.

Livra-nos da insistência de viver à nossa própria maneira, mas, sim, que Tu nos mostres os Teus propósitos.

Capacita-nos a crescer no conhecimento de Tua Verdade.

Torna-nos portadores da esperança, instrumentos da paz.

Que possamos ser testemunhas daquela unidade que liga o Pai, o Filho e o Espírito Santo num Deus que perdoa e que redime. Amém, Amém, Senhor Deus, meu Pai.

Soberano do Universo

*Oração judaica,
extraída de O Nosso Shabat*

Criador do mundo, Rei Supremo,
Seu reino precedeu a criação
Quando tudo foi criado, segundo Sua vontade,
Toda a criação O proclamou soberano.

E mesmo quando tudo deixar de existir,
Ele reinará, em Sua majestade.
Ele foi, Ele é e será
Eternamente glorioso.

Ele é único e incomparável,
Sua glória é infinita.
Não tem começo nem tem fim,
O poder e a magnificência Lhe pertencem.

O Eterno é meu redentor,
Minha proteção nos meus dias de angústia.
Ele é meu estandarte e refúgio,
Minha única salvação, quando O invoco.

À Sua misericórdia confio minha Alma
Quando adormeço e quando desperto.
Ele protege com Amor minha Alma e meu corpo,
O Senhor está comigo, nada temo.

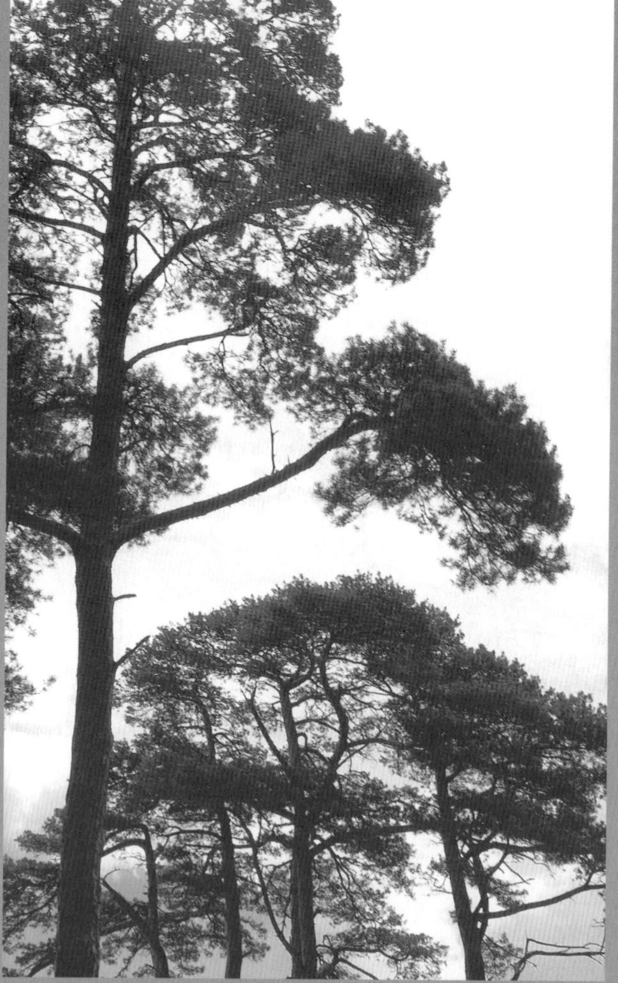

Prece Diária
(Xintoísta)

Onisaburo Degûci
cofundador da Oomoto (Vertida do Japonês
para o Esperanto por Shigeki Maeda[*1])

Ó Deus amado, permiti que oremos
discretamente:
De manhã e ao anoitecer, purificando-
-nos dos pecados, a Vós oramos com
sinceridade.
Tomando isso por um bem, fazei-
-nos pregar o caminho do amor e da
verdadeira crença divina, segundo os
ensinamentos do Senhor Deus, até os
confins da vasta Terra.
Tende a bondade de deixar-nos aspirar
por esse caminho, com fé, unânimes
e sem distinção de idade, sem maus
pensamentos, sem más ações; se houver

pecados que cometemos inconscientes, tende a bondade de julgá-los com generosidade, perdoando-nos em nome de Kannaohi e Oonaohi[*2], e fazei-nos participar da grande causa sagrada, a fim de realizarmos o Reino Celeste na Terra. Entre outras coisas, acolhei o nosso pedido:
Guardai e favorecei, benévolo, tanto essa família como também as famílias de todas as pessoas no mundo inteiro.
Então, é com humildade, respeito e afeição que a Vós oramos, Caríssimo Deus.

ADENDO DOS EDITORES

[*1] Prece gentilmente remetida a José de Paiva Netto pelo professor Shigeki Maeda, Diretor da Oomoto Internacional (Religião fundamentada no Xintoísmo, de origem japonesa, com preceitos universalistas). É relevante aqui relembrar que o prezado professor Maeda homenageou, em 22 de fevereiro de 2007, na cidade do Rio de Janeiro/RJ, o dirigente da LBV, com vestimenta e objetos típicos de sua crença. Entre os presentes, destaque para a peça de cerâmica vinda de Kameoka, região de Kyoto, no Japão, especialmente confeccionada pela Quinta Guia Espiritual da Oomoto, sra. Kurenai Deguchi, como símbolo dos laços de amizade que unem a LBV e a Oomoto. Segundo o professor Maeda, *"o Mestre Paiva Netto é o primeiro a receber esta honraria fora do Japão"*. Shigeki foi portador também de um quimono com os brasões da Oomoto e de um antigo chefe provincial da família Shimazu, um potentado de seu país há 500 anos, em Kyusyu, distrito japonês. Entre os significados dos emblemas que se encontram nesta vestimenta sagrada, estão a transcendência do Céu e da terra, do fogo e da água. Além disso, Paiva Netto recebeu os dois mais importantes livros desta dou-

trina, traduzidos para o idioma Esperanto pelo próprio Maeda e, posteriormente, passados para o Português pelo professor Benedicto Silva, destacado tradutor esperantista e ativo colaborador do movimento espírita brasileiro.

Quanto a essa generosa demonstração de apreço, manifestou-se àquela altura o líder da LBV, informando que as peças estariam expostas no Templo da Boa Vontade, na capital federal: *"(...) Estou sentindo uma vibração extraordinária na minha Alma. (...) Colocarei essas lembranças tão honrosas em Brasília, no Memorial (que leva seu nome), com a foto da Mestra Deguchi. (...) Manifestações dessa qualidade são tão tocantes que devem ser espiritualmente valorizadas".* Paiva Netto retribuiu os presentes, condecorando o Missionário da Oomoto com um distintivo de ouro da LBV, em forma de coração, que traz gravada em relevo a passagem do Evangelho em que os Anjos anunciam o nascimento do Cristo: *"Paz na Terra aos Homens de Boa Vontade"* (Evangelho de Jesus, segundo Lucas, 2:14). A Quinta Guia Espiritual da Oomoto recebeu a mesma honraria. Na oportunidade, Paiva Netto enviou ao Japão um quadro com a foto do Conjunto Ecumênico da LBV em Brasília/DF, formado pelo Templo da Boa Vontade e pelo Parlamento Mundial da Fraternidade Ecumênica, o ParlaMundi, como símbolo da amizade firmada entre a Oomoto e a Legião da Boa Vontade. Em retribuição, o professor Maeda, retornando do Japão, foi portador de um quadro com a reprodução do belo Templo Choosei-den, da Oomoto, em Ayabe, no Japão, onde recentemente Legionários estiveram participando de importante congresso da Entidade.

Professor Maeda: *"Eu me senti mais próximo da LBV".*

O professor Maeda, membro da Associação Internacional dos Escritores Esperantistas (EVA) — órgão ligado à Associação Universal de Esperanto —, publicou na revista oficial da Oomoto no Japão, com circulação mundial em japonês de mais de 100 mil exemplares, um artigo intitulado "Doutor Paiva Netto e a LBV". No texto, o Missionário descreve seu marcante encontro com o líder da Instituição, durante o evento de comemoração dos 17 anos do Templo da Boa Vontade (2006). Ao falar sobre o Diretor-Presidente da LBV, salientou: *"Ele é um escritor cujas obras são best-sellers, com milhões de exemplares vendidos. Ele é também compositor de música clássica".*

Ao término, pontuou: *"Este homem que ampara milhões de habitantes no Brasil foi, em contraste à dinâmica da ação, uma pessoa gentil, simpática e muito doce. Após este encontro, eu me senti mais próximo da LBV".* O professor Maeda disponibilizou também a matéria no portal da Oomoto no Japão. E no mês de março de 2007, por ocasião das comemorações dos 66 anos de Paiva Netto, o representante da Oomoto no Brasil e na América do Sul, gentilmente, encaminhou ao homenageado um *tankao*, tipo de poema tradicional japonês, para felicitá-lo pela data: *"Eis que agora/ desabrocham as flores brancas de umê/ em terras brasileiras,/ mil anos após o ilimitado/ e mui espinhoso sofrimento".*

[*2] **Kannaohi:** espírito primário de Deus.
Oonaohi: a essência da Alma humana.

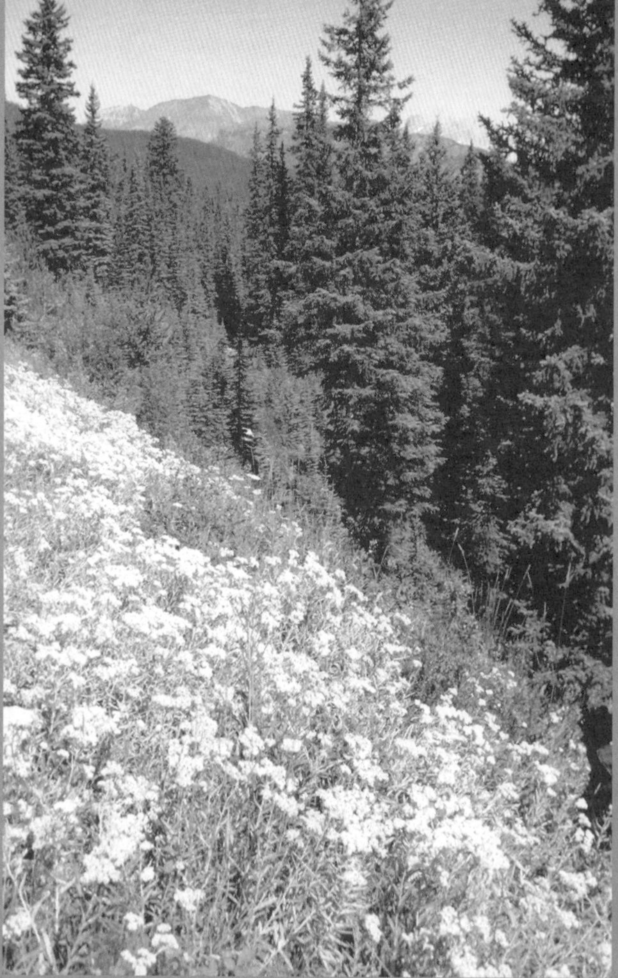

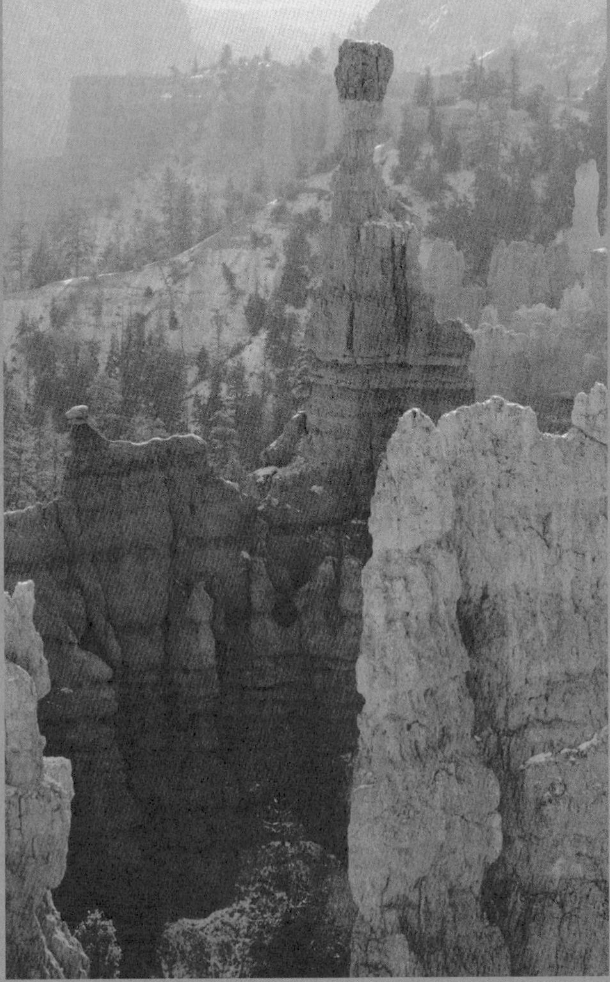

Amigos

Paiva Netto

Ninguém vive em solidão!
Na Felicidade ou na dor,
Tem por si o Criador
Candente no coração...

Na praia ou no deserto,
Na planície ou no planalto,
Reverentes, olhando ao alto,
Vemos Jesus tão perto.

Amigos, bilhões de astros
Seguem sempre os nossos rastros,
Acima do Bem e do mal:

Humanidades distantes,
Torcendo por nós, vibrantes,
Num abraço universal!

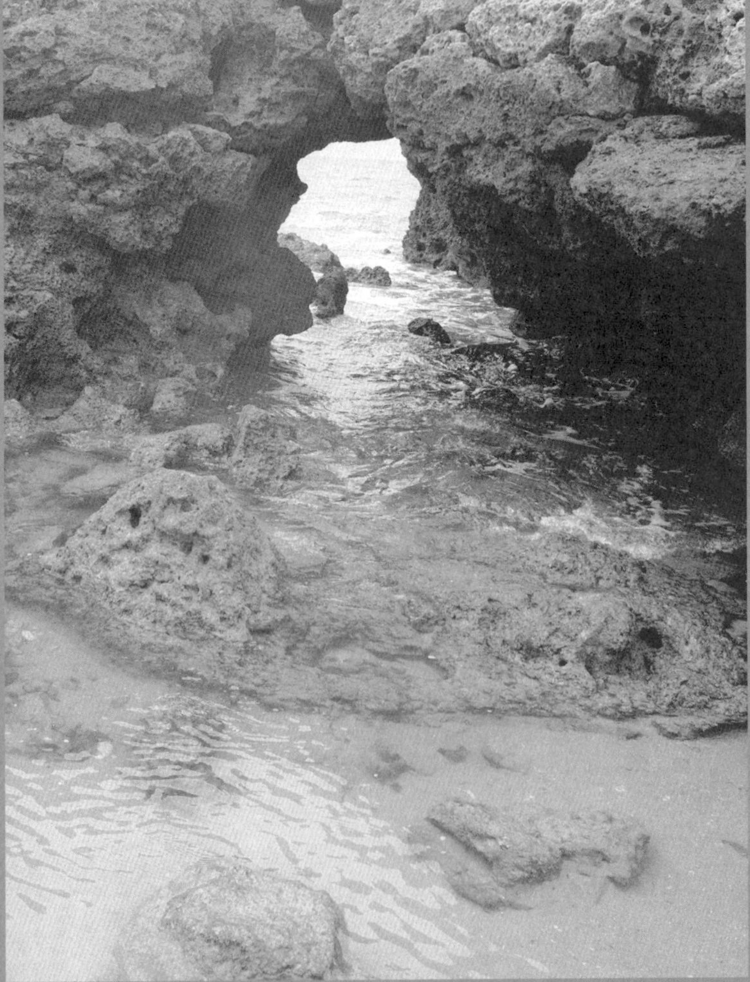

Prece Islâmica

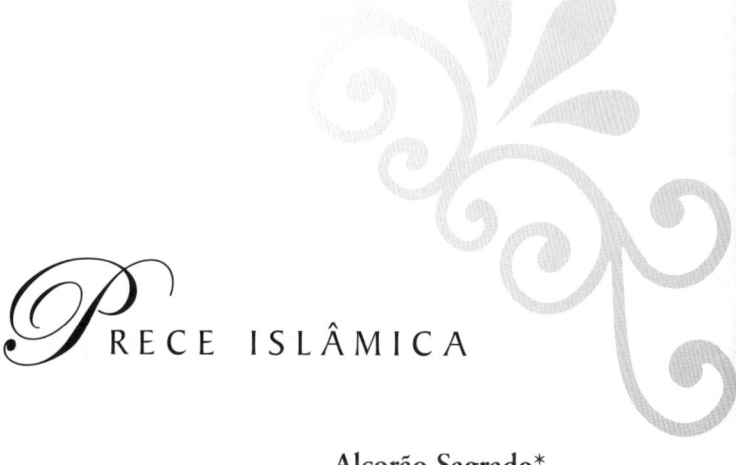

Alcorão Sagrado*

1 — Em nome de Deus, Clemente, Misericordioso.

2 — Louvado seja Deus, Senhor do Universo,

3 — Clemente, Misericordioso.

4 — Soberano do Dia do Juízo.

5 — Só a Ti adoramos e só de Ti imploramos ajuda!

6 — Guia-nos à senda reta,

7 — À senda dos que agraciaste, não à dos abominados nem à dos extraviados.

---

* Versão portuguesa, de Samir El Hayek.

Oração a
São Miguel Arcanjo

*Papa Leão XIII**

São Miguel Arcanjo,
Defendei-nos neste combate;
Sede nosso auxílio
contra as maldades e ciladas do mal.
Instante e humildemente vos pedimos
que Deus sobre ele impere.
E vós, príncipe da Milícia Celeste,
com este Poder Divino,
precipitai no inferno a satanás
e aos outros espíritos malignos,
que vagueiam pelo mundo
para a perdição das almas.
Amém.

* **Papa Leão XIII (1810-1903)** — Nasceu em 2 de março de 1810 em Carpineto Romano, Itália. Gioacchino Pecci notabilizou-se primeiramente como popular e bem-sucedido Arcebispo de Perugia, o que conduziu a sua nomeação como Cardeal em 1853. Em 20 de fevereiro de 1878, foi eleito sucessor do Papa Pio IX, e seu pontificado durou de 1878 a 1903. Ficou famoso como "o papa das encíclicas". A mais conhecida de todas, a *Rerum Novarum,* de 1891, sobre os direitos e deveres do capital e trabalho, introduziu a ideia da subsidiariedade no pensamento social católico.

Oração para toda a Humanidade

Do livro *Orações Bahá'ís*
'Abdu'l-Bahá*

Ó Tu, Senhor Bondoso! Criaste toda a Humanidade dos mesmos pais. Desejaste que todos pertencessem ao mesmo lar. Em Tua Santa Presença, todos são Teus servos, e todo o gênero humano se abriga sob Teu Tabernáculo. Todos se têm reunido à Tua Mesa de graças e brilham pela luz da Tua Providência. Ó Deus! És bondoso para com todos, provês a todos, amparas a todos, e a todos concedes vida. De Ti, todos os seres recebem faculdades e talentos. Todos estão submersos no oceano da Tua misericórdia. Ó Tu, Senhor Bondoso! Une todos, faze as religiões concordarem e torna as nações uma só, para que sejam como uma única espécie e filhos da mesma pátria. Que se associem em união e acordo. Ó Deus! Ergue o estandarte da unidade do gênero humano! Ó Deus! Estabelece a Suprema Paz! Enlaça os corações, ó Deus! Ó Tu, Pai Bondoso! Extasia os corações com a fragrância do Teu Amor, ilumina os olhos com Tua Luz que guia; alegra os ouvidos com as melodias da Tua Palavra e abriga-nos no recinto da Tua Providência. Tu és o Grande e Poderoso! És o Clemente — Aquele que perdoa as faltas da Humanidade.

---

* 'Abdu'l-Bahá (1844-1921) — Filho e sucessor de Bahá'u'lláh (1817-1892), Profeta fundador da Fé Bahá'í, nasceu em 23 de maio de 1844. Na maturidade, 'Abdu'l--Bahá, sendo o companheiro mais ativo de seu pai, emergiu como seu representante, atuando como embaixador no trato com os líderes políticos e religiosos da época, sucedendo-o.

Prece para a Viagem

Do livro *A força mágica da mediunidade na Umbanda*, de **Jamil Rachid***.

Ó Grande e poderoso Orishá, Ogum, por mim sejas louvado, junto com Tua falange de guerreiros, em todo o tempo e pela duração dos séculos em nosso planeta. Ogum, Tu que és o executor do que te ordena Oshalá, para que nos conduzas pelos caminhos da Salvação... Outorga--me, Ogum, a graça de ser beneficiado, já que Tu és poderoso e um dos defensores do meu Anjo da Guarda. Protege-me na estrada com Tua inspiração e afasta de mim todo e qualquer perigo em momentos, que possam existir, de incerteza nesta minha jornada. Que nada de mau aconteça aos meus familiares durante minha ausência na minha morada. Não esqueças, Ogum, de que de Ti dependo na Seara dos Orishás, em Ti, Ogum, eu irei e Contigo, Ogum, eu voltarei.

* **Jamil Rachid** — Presidente da União de Tendas de Umbanda e Candomblé do Brasil.

Adoração ao Shari[*1]

Tradução do prof. dr. Ricardo Mário Gonçalves[*2],
Monge budista e professor de História das
Religiões da USP.

Nós nos prostramos com toda a humildade
ante o Sagrado Shari, representando o
corpo de Sáquia-Múni, o Tathagata,
que é perfeitamente dotado com todas
as virtudes que tem o Corpo de Darma
como matriz de Seu ser e o mundo do
Darma como uma torre a Ele dedicada.
Nós a Ele rendemos nosso respeito com
a devida reverência. Manifestando-se em
forma corporal para o nosso bem, o Buda
entra dentro de nós e nos faz entrar dentro
Dele. Sua força, dirigida sobre nós, nos
faz alcançar a Iluminação e, graças ao
miraculoso poder de Buda, todos os seres

são beneficiados, tornam-se desejosos de alcançarem a Iluminação, disciplinam-se na vida de Bodisatva, igualmente penetram na perfeita quietude, onde prevalece a infinita sabedoria da identidade absoluta. Nós agora nos prostramos ante Ele.

ADENDO DOS EDITORES

*¹ Relíquia que consiste em cinzas e ossos calcinados, tidos como do próprio Buda.

*² Em 1991, Paiva Netto recebeu do casal de Monges Budistas Yvonette e Ricardo Mário Gonçalves o *koromo* e o *owan* (veste e escudela). No ano seguinte, ofertaram-lhe o *kesa* (manto). Essas vestimentas são concedidas somente àqueles, cuja missão na Terra é considerada sagrada. No dia 25 de agosto de 2006, os dois ilustres religiosos, representantes do Templo Budista *Higashi Honganji*, encontraram-se com o dirigente da LBV, em seu gabinete no prédio administrativo, na capital paulista.

Na oportunidade, os monges fizeram a reposição das vestes búdicas — entregues originalmente ao dirigente da Instituição em 1991, quando completava 50 anos de vida —, em virtude do desgaste natural que o tecido sofre pela ação do tempo. A cerimônia serviu também para renovar a homenagem, visto ser aquele um ano muito especial para Paiva Netto, no qual comemorou seu Jubileu de Ouro de trabalho na causa da Boa Vontade de Deus.

Segundo a tradição, a vestimenta é concedida somente àqueles cuja missão na Terra é considerada Sagrada ou que possuam 25 anos de sacerdócio exemplar. A roupa tem diferentes nomes: *Gedappuku* (Veste de Libertação), que sinaliza que o monge se libertou das paixões mundanas, e *Fukuden-e* (Veste do Campo da Felicidade), quando o sacerdote planta boas sementes no campo da alegria, colhendo-as depois. A primeira vestimenta oferecida a Paiva Netto está exposta, em destaque, na Galeria de Homenagens do Templo da Boa Vontade (TBV), a Pirâmide dos Espíritos Luminosos, em Brasília/DF, Brasil, o monumento mais visitado da capital federal, segundo a Secretaria de Estado de Turismo do Distrito Federal (Setur-DF).

Mantras Védicos Pela Paz

(Mantras hindus, encaminhados pelo Swami Sunirmalananda*, da Ramakrishna Vedanta Ashrama no Brasil.)

1. Om asato mā sadgamaya
tamaso mā jyotirgamaya
mrityormā amritam gamaya
Om śāntih śāntih śāntih

Om   Do irreal leva-me ao Real,
Da escuridão leva-me à Luz,
Da morte leva-me à Imortalidade.
Om paz, paz, paz

---

* **Swami Sunirmalananda** — (Índia-Brasil) — Reverendo indiano da Ordem Ramakrishna Vedanta Ashrama no Brasil, com matriz na Índia.

2. Om saha nāvavatu | saha nau bhunaktu |
saha viryam   karavāvahai |
tejasvi nāvadhītamastu
mā vidvishāvahai ||
Om śāntih śāntih śāntih

Om, Possa Brahman proteger-nos ambos, mestre e discípulo. Possa Ele alimentar-nos ambos. Possamos nós trabalhar juntos com grande energia. Que nosso estudo seja vigoroso e frutífero. Que o amor e a harmonia estejam entre nós.
Om paz, paz, paz

3. Om tacchamyor āvrnimahe |
gātum yajñāya | gātum yajñapataye |
daivī svastirastu nah |
svas-tir mānushe-bhyah |
ūrdhvam jigātu bheshajam |
śam no astu dvipade | śam catushpade ||
Om śāntih śāntih śāntih

Om, Adoramos a Suprema Pessoa e a ela rogamos pelo bem-estar de todos. Possam todas as aflições e deficiências deixar-nos

para sempre, de modo que possamos cantar
louvores a Vishnu. Possam as ervas medicinais
crescer fortes, de modo que as doenças sejam
efetivamente curadas. Possam os deuses
derramar sua paz sobre nós. Possam os seres
humanos ser felizes. Que todas as outras
criaturas sejam felizes.
Om paz, paz, paz.

4. Om madhuvātā ritāyate
madhuksharanti sindhavah |
mādhvīr nah santvoshadhīh |
madhu nakta-mutoshasī madhumat
pārthivam rajah |
madhu dyaurastu nah pitā |
madhu mānno vanaspatir – madhu
mām astu sūryah ||
mādhvīr gāvo bhavantu nah ||
Om madhu Om madhu Om madhu

Om Possam os ventos trazer-nos felicidade.
Possam os rios trazer-nos felicidade. Possam as
plantas dar-nos felicidade. Possam os céus dar-
-nos felicidade. Possam a noite e o dia
conceder-nos felicidade. Possa o pó da terra
trazer-nos felicidade. Possam as vacas dar-nos

felicidade. Possam as árvores dar-nos felicidade.
Possa o sol inundar-nos de felicidade.
Om paz, paz, paz

5. **Om pūrnam adah   pūrnam idam
purnāt pūrnam udacyate |
pūrnasya pūrnam ādāya
pūrnameva avaśishyate ||
Om śāntih śāntih śāntih**

Om Tudo o que é invisível é verdadeiramente
o infinito Brahman. Tudo o que é visível é
também o infinito Brahman. O universo inteiro
originou-se do infinito Brahman. Brahman é
infinito, embora o universo inteiro tenha-se
originado dele. Om paz, paz, paz.

6. **Om asato mā sadgamaya
tamaso mā jyotirgamaya
mrityormā amritam gamaya
Om   śāntih śāntih śāntih**

Om Do irreal leva-me ao Real,
Da escuridão leva-me à Luz,
Da morte leva-me à Imortalidade,
Om paz, paz, paz.

A GRANDEZA ESTÁ NO SERVIÇO ESPONTÂNEO

Lao-tsé*

Ó Tao!
Tu, que tudo superas!
Em Ti está o Todo.
Em Ti, a vida de todos os seres!
Tu não Te negas a ninguém,
Tu, que tudo realizas,
Tudo nutres,
Tudo fazes prosperar!
Tu, o eterno servidor da vida,
Jamais Te vanglorias de nada.
Pequenino pareces aos que ignoram
A Tua grandeza.
Grande, porém, és
Tu, de quem tudo vem
E a quem tudo volta.
Nunca Te arvoras em dominador.

Assim também o sábio sempre serve,
Realizando grandes coisas,
Sem se ufanar da sua grandeza.

---

* **Lao-tsé** — Famoso filósofo chinês, fundador do taoísmo. As referências mais conhecidas informam que viveu aproximadamente no século VII a.c., entretanto muitos historiadores situam sua vida no século IV a.C. O cânon religioso taoísta o situa quase mil anos antes. Segundo ele, foi convidado pelo rei Wen para chefiar a biblioteca real, sendo também arquivista, historiador e astrólogo na corte da dinastia Chou, assumindo o cargo de historiador real até o 19º dia da quinta lua do 25º ano da era do rei Zhao, ano em que *"iniciou sua grande viagem para o ocidente, com intuito de chegar aos reinos da atual Índia, Afeganistão e Itália. Durante a viagem, permaneceu algum tempo na fronteira de Yü Men e aceitou o oficial-chefe da fronteira como discípulo. Ditou-lhe vários escritos, entre eles o* Tao Te Ching". Após ditar a obra, o filósofo partiu, não havendo mais registros sobre a sua vida.

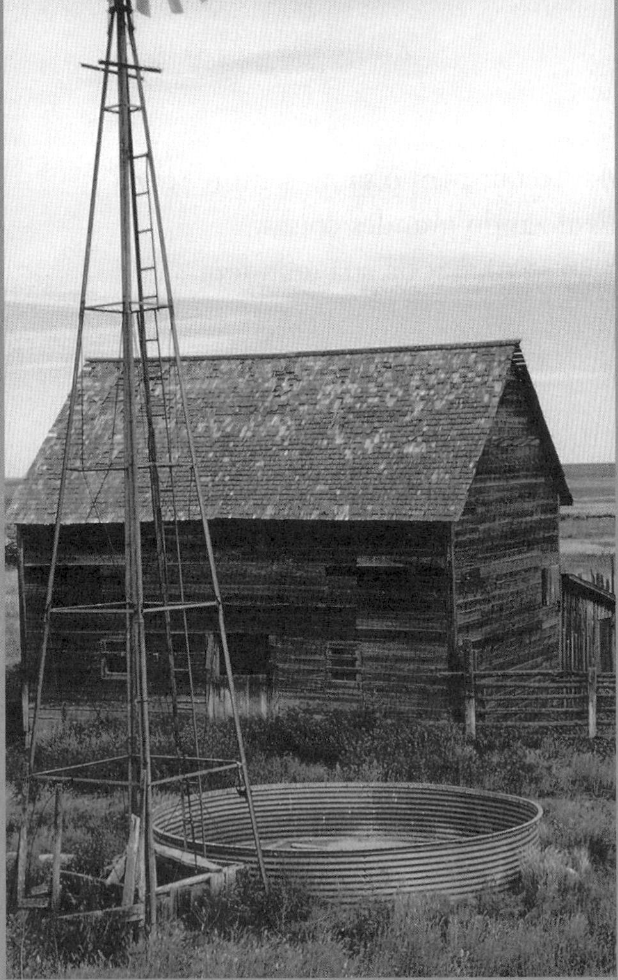

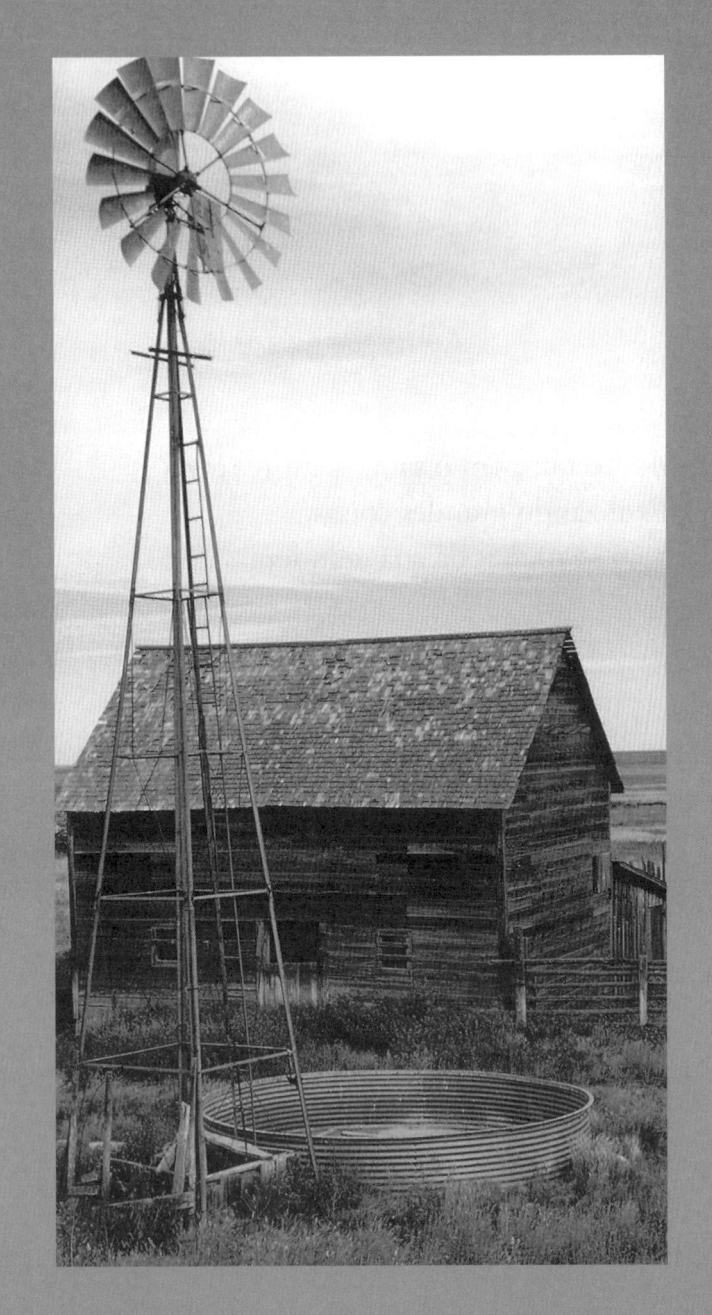

Chave de Harmonia

Constante das Instruções reservadas do Círculo Esotérico da Comunhão do Pensamento.

Desejo *Harmonia, Amor, Verdade e Justiça* a todos os meus irmãos do Círculo Esotérico da Comunhão do Pensamento.

Com a força reunida das silenciosas vibrações de nossos pensamentos, somos fortes, sadios e felizes, formando assim um elo de fraternidade universal.

Estou satisfeito e em paz com o universo inteiro e desejo que todos os seres realizem suas aspirações mais íntimas.

Dou graças ao Pai Invisível por ter estabelecido *a Harmonia, o Amor, a Verdade e a Justiça* entre todos os Seus filhos.

Assim seja.

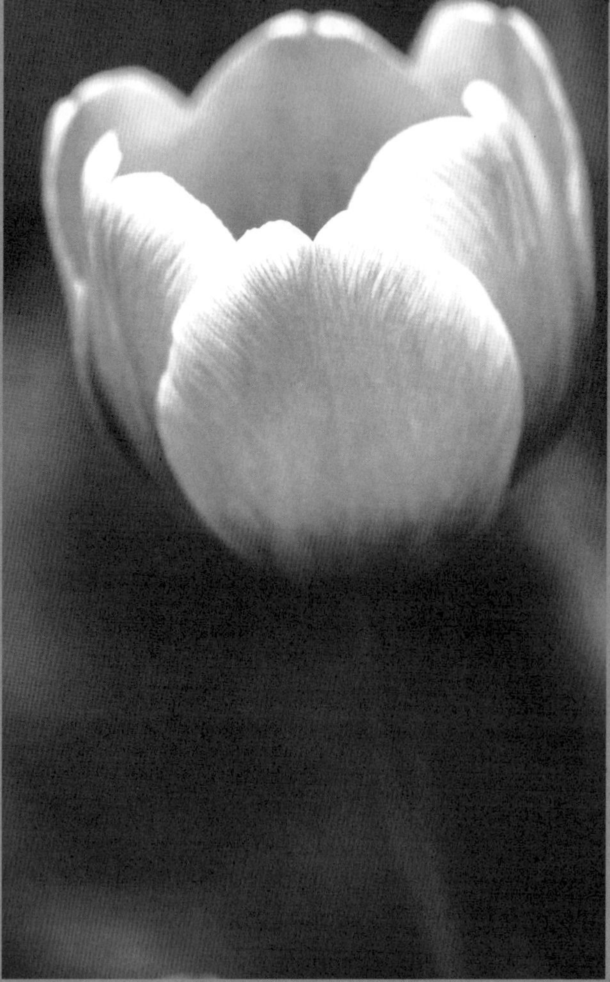

Oração
de um ateu

Transcrito de *Brado de Guerra*

Um farmacêutico ateu tinha planejado ir ao teatro; e, fechando pontualmente a farmácia, começou a fazer os preparativos, quando ouviu baterem à porta. Ao abri-la encontrou uma menina que lhe disse entre lágrimas:

— Por favor, senhor, poderia preparar esta receita para minha mãe?

— Já é tarde — foi a resposta —, a farmácia está fechada!

— Ó senhor, só esta vez, por favor, pois mamãe está muito doente!

— Bem, bem, disse com impaciência o farmacêutico. Dê-me a receita. E, com certa pressa, preparou o remédio e entregou-o à menina. Mas, depois, ao repor as garrafas nas prateleiras, viu com indescritível horror que, por engano, tinha usado um veneno no preparo da receita.

Petrificado, momentaneamente, pelo terrível acontecimento, lançou-se à porta e à rua, mas não encontrou sinal da menina, nem tampouco sabia quem era.

Que fazer? Então, ele, o homem que não acreditava em Deus, caiu de joelhos e exclamou:

— Faze, ó Deus, que essa mulher não tome o remédio! Ó Senhor, não permitas que isso aconteça!

Não sabia por quanto tempo agonizou em oração, mas, enquanto continuava orando, bateram outra vez à porta. Ali estava de novo a menina, com seu corpinho sacudido pelos soluços.

— Ó senhor! — exclamou —, suplico que prepare de novo o remédio, porque eu caí, o vidro partiu-se e o remédio derramou!

Não se pode descrever a emoção de assombro e alegria sentida pelo farmacêutico. Já não era aquele homem ateu de antes. E, tendo entregado de novo o remédio à menina, ajoelhou-se outra vez e, com sua Alma voltada para Deus, rendeu-Lhe graças por Ele ter ouvido e respondido à sua dramática oração. E, o que é mais importante, depois de tal "milagre", entregou-se a Deus e tornou-se um crente fervoroso.

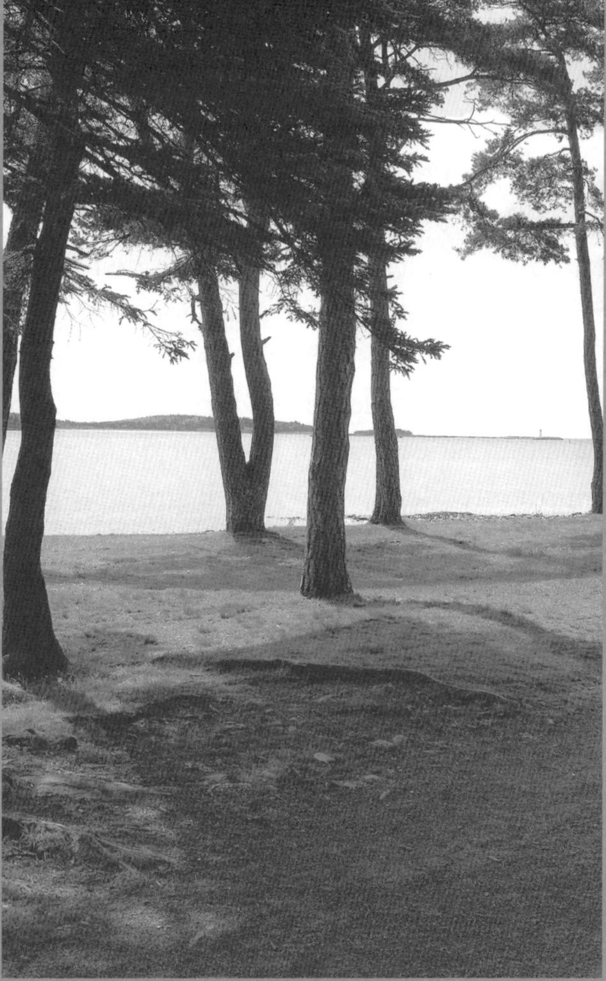

Prece da Serenidade*

Senhor, dai-nos forças para aceitar com serenidade tudo o que não pode ser mudado. Dai-nos coragem para mudar o que pode e deve ser mudado. E dai-nos sabedoria para distinguir uma coisa da outra. Que assim seja!

---

* Embora tenha sido originalmente atribuída, no *O Brado de Guerra*, como de autoria do Almirante norte-americano Thomas Charles Hart (1877-1971), há muitos que defendem ser a oração do teólogo, também norte-americano Reinhold Niebuhr (1892-1971). Naturalmente que essa discussão não diminui em nada o impacto benfazejo que a prece nos oferece.

Oração

Rabindranath Tagore*
Poeta e pensador hindu

Esta é a minha oração a Ti, ó meu Senhor:
— Fere, fere no meu coração a raiz da miséria.

Dá-me a força de suportar facilmente as minhas alegrias e tristezas.

Dá-me a força de fazer frutificar em devoções o meu coração.

Dá-me a força de nunca desdenhar do pobre, nem de vergar o joelho ante o poder insolente.

Dá-me a força de elevar o meu Espírito muito acima das cotidianas frivolidades.

E dá-me a força de submeter a minha força à Tua vontade, amorosamente.

* **Rabindranath Tagore (1861-1941)** — (Rabíndranáth Thákhur). Escritor, poeta e músico. Nasceu em Calcutá, na Índia, e estudou Direito na Inglaterra de 1878 a 1880, retornando ao país em 1890 para administrar propriedades agrícolas da família, dedicando-se ainda a projetos de saúde e educacionais. Foi Prêmio Nobel de Literatura, em 1913. No ano de 1919, renunciou ao título de *Sir* em protesto à política britânica em relação ao Punjab. Tagore faleceu em Santiniketan, Bengala, 1941. É reconhecido pelos indianos como "o sol da Índia".

A Prece do Copo d'Água

Alziro Zarur*,
saudoso criador da Legião da Boa Vontade

Pai Nosso, que estás no Céu, santificado seja o Teu Nome. Venha a nós o Teu Reino. Seja feita a Tua Vontade assim na Terra como no Céu. O pão nosso de cada dia dá-nos hoje. Perdoa as nossas ofensas como perdoamos as dos nossos ofensores. Não nos deixes cair em tentação, mas livra-nos do mal, porque Teu é o Reino, e o Poder, e a Glória para sempre. Amém!

Divino Mestre, Médico de todos os médicos, move o Teu olhar compassivo para os nossos doentes, cujos nomes se encontram no Sagrado Livro de Preces da

Religião de Deus: todos esses Irmãos em quem vamos pensar na hora da grande vibração da Família Legionária. Disseste, Senhor — *"Pedi, e Deus vos dará. Deus não é indiferente nem à morte de um passarinho. Se teu filho te pede um pão, tu lhe dás uma pedra? Se teu filho te pede um peixe, tu lhe dás uma serpente? Ora, se tu, que és mau, sabes dar boas coisas a teu filho, que é que não dará o Pai que está no Céu?"* (Evangelho de Jesus, segundo Mateus, 7:7 a 11). Por isso mesmo, Senhor, queremos pedir-Te que coloques, neste copinho d'água, o remédio perfeito para cada um de nós. Aquele remédio que colocaste nas águas do Jordão, ou nas águas de Siloé. Remédio Celestial que restituiu a visão a um cego de nascença. Nós Te pedimos, Divino Médico: coloca neste copo d'água o Remédio celestial de cada um de nós. Que estes doentes em quem vamos pensar, doentes do corpo e doentes da Alma, estejam onde estiverem, recebam neste momento a Bênção da Tua cura, na força desta Corrente, em nome de Deus. Graças, Senhor! Dá-nos a Divina Paz que prometeste àqueles que vivem o Teu Novo Mandamento — *"Minha Paz vos deixo, minha Paz vos dou. Eu não vos dou a paz do mundo. Eu vos dou a Paz de Deus, que o mundo não vos pode dar. Não se turbe o vosso coração nem se arreceie. Eu estarei convosco, todos os dias, até o fim do mundo! Glória a Deus nas Alturas e Paz na Terra aos Homens e às Mulheres da Boa Vontade de Deus!"* (Evangelho de Jesus, segundo Lucas, 2:14).

* **Alziro Zarur** (1914-1979) — Nasceu na cidade do Rio de Janeiro/RJ, Brasil, no Natal de Jesus de 1914. Jornalista, radialista, escritor, poeta, humanista e grande pregador da Palavra de Deus, fundou a Legião da Boa Vontade (LBV), em 1º de janeiro de 1950 (Dia da Paz e da Confraternização Universal), e brilhantemente a presidiu até a sua passagem para o Plano Espiritual, em 21 de outubro de 1979. Em 2014, comemorou--se o centenário de seu nascimento. Em 7 de setembro de 1959, Zarur realizou a Proclamação do Novo Mandamento de Jesus, em Campinas/SP, Brasil, no antigo hipódromo do Bonfim — hoje, Praça Legião da Boa Vontade —, que, na época, era o espaço público mais vasto que por lá existia, capaz de receber a multidão que fora ouvi-lo. Carismático e polêmico, de forma popular e inovadora pregava, com muito entusiasmo, o Evangelho e o Apocalipse de Jesus, mas não *"ao pé da letra que mata"* (Segunda Epístola de Paulo aos Coríntios, 3:6), e, sim, em Espírito e Verdade, à luz do Novo Mandamento do Cristo Ecumênico, o Divino Estadista (veja p. 5). Criou e presidiu a pioneira Cruzada de Religiões Irmanadas, cuja primeira edição oficialmente ocorreu em 7 de janeiro de 1950, no salão do Conselho da Associação Brasileira de Imprensa (ABI), na capital fluminense, após sucessivas reuniões preparatórias realizadas no mesmo local, nos meses de outubro, novembro e dezembro de 1949, na sala da diretoria daquela prestigiada Associação. Com esse feito, Zarur antecipou-se ao que mais tarde viria a ser chamado de relacionamento inter-religioso. Em 7 de outubro de 1973, proclamou a Religião de Deus, do Cristo e do Espírito Santo, em Maringá/PR, Brasil.

MAGNIFICAT

Maria Santíssima
(Evangelho de Jesus, segundo Lucas, 1:46 a 55)

A minha Alma engrandece ao Senhor,
E o meu Espírito alegra-se em Deus, meu Salvador.

Porque pôs os olhos na humildade de
Sua serva.
De ora em diante todas as gerações me
chamarão bem-aventurada,

Porque o Poderoso me fez grandes coisas.
Santo é o Seu Nome!

Sua misericórdia estende-se de geração em geração
Sobre os que O temem.

Manifestou com poder Seu braço,
Dissipou os que tinham pensamentos
soberbos no coração;

Depôs os poderosos de seus tronos
E exaltou os humildes;

Encheu de bens os famintos
E despediu os ricos de mãos vazias;

Socorreu a Israel Seu servo,
Lembrando-se de Sua misericórdia,

(Tal como havia predito a nossos pais)
Para com Abraão e sua posteridade para
sempre.

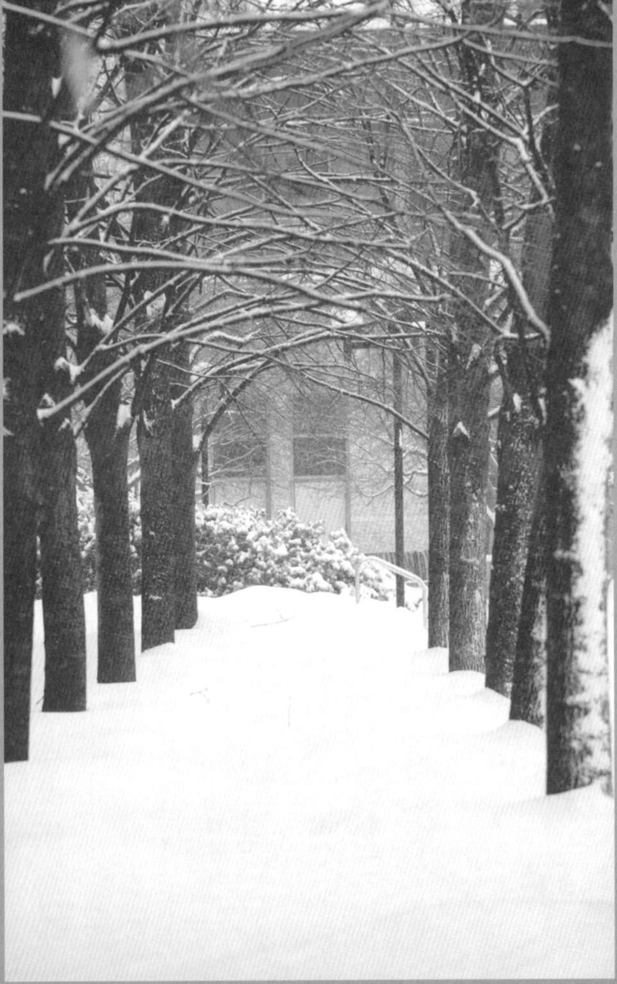

Ave, Maria!

Fagundes Varela*

A noite desce. Lentas e tristes,
Cobrem as sombras as serranias.
Calam-se as aves, choram os ventos,
Dizem os gênios: — Ave, Maria!

Na torre estreita de pobre templo
Ressoa o sino da freguesia.
Abrem-se as flores. Vésper desponta.
Cantam os anjos: — Ave, Maria!

No tosco albergue de seus maiores,
Onde só reinam paz e alegria,
Entre os filhinhos, o bom colono
Repete as vozes: — Ave, Maria!

E longe, longe, na velha estrada,
Para — e saudade à pátria envia —

Romeiro exausto que o Céu contempla
E fala aos ermos: — Ave, Maria!

Incerto nauta, por feios mares,
Onde se estende névoa sombria,
Se encosta ao mastro, descobre a fronte,
Reza baixinho: — Ave, Maria!

Nas soledades, sem pão nem água,
Sem pouso e tenda, sem luz nem guia,
Triste mendigo que as praças busca
Curva-se e clama: — Ave, Maria!

Só nas alcovas, nas salas dúbias,
Nas longas mesas de longa orgia,
Não diz o ímpio, não diz o avaro,
Não diz o ingrato: — Ave, Maria!

Ave, Maria! No Céu, na terra,
Luz da esperança, doce harmonia!
Hora Divina! Sublime estância!
Bendita sejas! Ave, Maria!

* **Fagundes Varela, Luís Nicolau** (1814-1875) — Poeta romântico, foi um dos maiores expoentes da poesia brasileira de seu tempo. Entre outras obras, publicou *Cantos e fantasias* (1865), *Cantos meridionais* (1869) e *Cantos do ermo e da cidade* (1869). Talentoso, exercitou sua pena em várias vertentes. Deu continuidade à lírica amorosa de tonalidades melancólicas e manifestou fortemente seu idealismo libertário em peças épicas, dedicadas à democracia e à causa abolicionista.

Todas as páginas com o símbolo "#" foram magistralmente psicografadas pelo Legionário da Boa Vontade nº 15.353, Francisco Cândido Xavier*¹.

ORAÇÃO[#]

José Silvério Horta[*2]

Pai Nosso, que estás nos céus,
Na luz dos sóis infinitos,
Pai de todos os aflitos
Deste mundo de escarcéus.

Santificado, Senhor,
Seja o Teu Nome sublime,
Que em todo o Universo exprime
Concórdia, ternura e amor.

Venha ao nosso coração
O Teu reino de bondade,
De paz e de claridade
Na estrada da redenção.

Cumpra-se Teu Mandamento
Que não vacila e nem erra,

Nos céus, como em toda a Terra
De luta e de sofrimento.

Evita-nos todo o mal,
Dá-nos o pão no caminho
Feito na luz, no carinho
Do pão espiritual.

Perdoa-nos, meu Senhor,
Os débitos tenebrosos,
De passados escabrosos,
De iniquidade e de dor.

Auxilia-nos, também,
Nos sentimentos cristãos,
A amar nossos irmãos
Que vivem longe do bem.

Com a proteção de Jesus,
Livra a nossa Alma do erro,
Sobre o mundo de desterro,
Distante da Tua luz.

Que a nossa ideal igreja
Seja o altar da Caridade,
Onde se faça a vontade
Do Teu Amor... Assim seja.

*¹ **Francisco Cândido Xavier (1910-2002)** — Considerado um dos maiores médiuns do Brasil, psicografou mais de 400 livros com mensagens do Mundo Espiritual. Grande amigo da Legião da Boa Vontade (LBV), foi homenageado com a Comenda da Ordem do Mérito da Fraternidade Ecumênica, do ParlaMundi da LBV — edição 1997, na categoria *Religião*. Chico Xavier é Legionário da Boa Vontade, inscrição nº 15.353, de 3 de julho de 1956, cujo documento foi assinado em Pedro Leopoldo, Minas Gerais, cidade em que ele nasceu. Desencarnou aos 92 anos, em Uberaba/MG, no dia 30 de junho de 2002. Naquela data, o Brasil tornava-se pentacampeão da Copa do Mundo de Futebol.

*² **José Silvério Horta (1859-1933)** — Monsenhor José Silvério Horta nasceu no dia 20 de junho de 1859, na Fazenda Monte Alegre, situada no Município de Mariana, em Minas Gerais. Tinha 27 anos quando lhe foi conferido o presbiterato, em 3 de junho de 1886. Possuía também uma erudição pouco comum, sendo profundo conhecedor do latim, português e outras línguas e autor de várias obras. Entre as suas composições estão *Caminho do Céu, Vozes do Crente e Ave, Maria!*. Apresenta-se, neste livro, uma das mais belas visões poéticas do célebre *Pai-Nosso*, de Jesus, feita pelo inspirado vate.

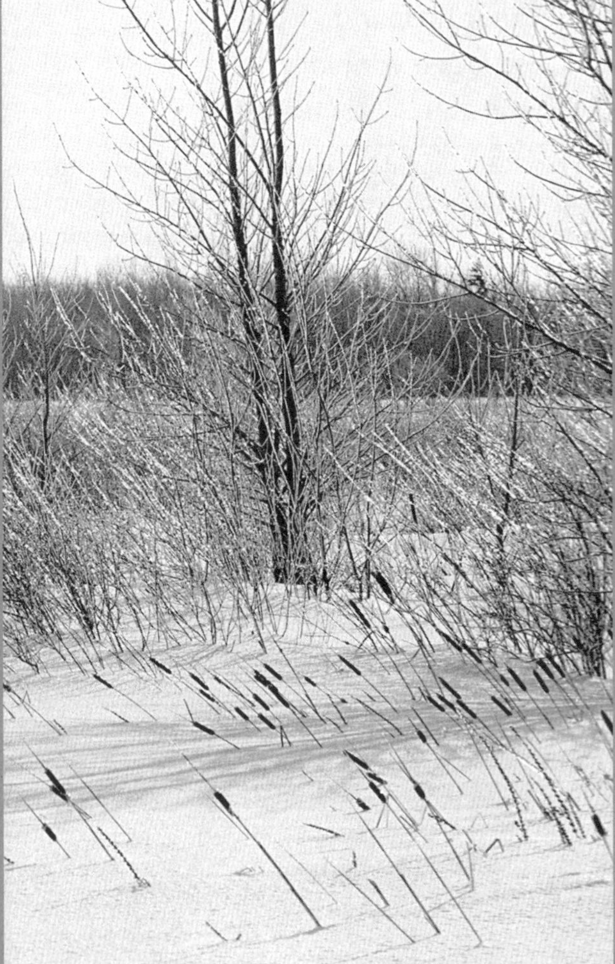

Oração dos Meninos[#]

João de Deus[*]

Pai Nosso, que estás nos céus,
Na glória da criação,
Ouve esta humilde oração,
Dos pequenos lábios meus.

Santificado, Senhor,
Seja o Teu Nome divino,
Em minha Alma de menino
Que confia em Teu Amor.

Venha a nós o Teu reinado
De paz e misericórdia

Que espalha a luz da concórdia
Sobre o mundo atormentado.

Que a Tua vontade, assim,
Que não hesita, nem erra,
Seja feita em toda a Terra
E em todos os céus sem-fim...

Dá-nos, hoje, do celeiro
De Tua eterna alegria,
O pão nosso que sacia
A fome do mundo inteiro.

Perdoa, Pai, nesta vida,
Os erros que praticamos,
Assim como perdoamos
Toda ofensa recebida.

Não deixes que a tentação
Nos vença a carne mortal,
E nem permitas que o mal
Nos domine o coração.

Em Tua luz que me beija,
E em Teu reino ilimitado,
Que sejas glorificado,
Agora e sempre... Assim seja!

---

* **João de Deus (1830-1896)** — Nasceu em 8 de março de 1830 em São Bartolomeu de Messines, no Algarve. Eminente poeta lírico, considerado à época o primeiro do seu tempo. Na literatura, ocupou uma posição singular e destacada. Surgido nos finais do ultrarromantismo, foi o que mais se aproximou da tradição folclórica portuguesa. Teve extraordinária popularidade, sendo, ainda em vida, objeto das mais variadas homenagens e, na ocasião de sua morte em Lisboa, em 1896, foi sepultado no Panteão Nacional. É chamado o poeta do amor.

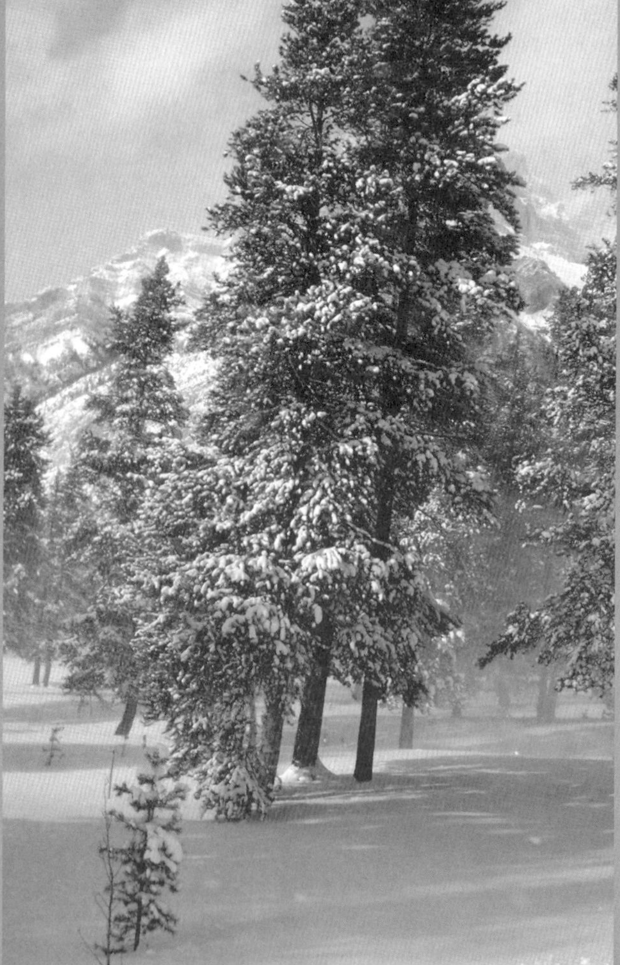

Oração Nossa

Emmanuel*

Senhor, ensina-nos:
a orar, sem esquecer o trabalho;
a ajudar, sem olhar a quem;
a servir, sem perguntar até quando;
a sofrer, sem magoar seja quem for;
a progredir, sem perder a simplicidade;
a semear o Bem, sem pensar nos resultados;
a desculpar, sem condições;
a marchar para a frente, sem contar os obstáculos;
a ver sem malícia;
a escutar, sem corromper os assuntos;
a falar, sem ferir;
a compreender o próximo, sem exigir entendimento;
a respeitar os semelhantes, sem reclamar consideração;

a dar o melhor de nós, além da execução do
próprio dever,
sem cobrar taxas de reconhecimento.
Senhor, fortalece em nós a paciência para
com as dificuldades dos outros, assim como
precisamos da paciência dos outros para
com as nossas dificuldades.
Ajuda-nos, sobretudo, a reconhecer
que a nossa felicidade mais alta será,
invariavelmente, aquela de cumprir-Te os
desígnios onde e como queiras, hoje, agora
e sempre.

---

* **Emmanuel** — Guia espiritual do saudoso médium brasileiro Francisco Cândido Xavier (1910-2002). Acompanhou-o desde as primeiras manifestações mediúnicas. Emmanuel, por intermédio desse famoso sensitivo, é autor de obras importantes, a exemplo de *Há 2000 Anos...* e *50 Anos Depois*, ambas transformadas em radionovela por iniciativa de Paiva Netto, alcançando grande audiência na Super Rede Boa Vontade de Rádio e posteriormente lançadas em CDs, pela Editora Elevação, em parceria com a FEB. O mesmo ocorreu com as obras *Nosso Lar* e *Sexo & Destino* (de André Luiz) e *Memórias de um suicida*, de Camilo Cândido Botelho, na psicografia de dona Yvonne do Amaral Pereira (1900-1984), obtendo igual sucesso.

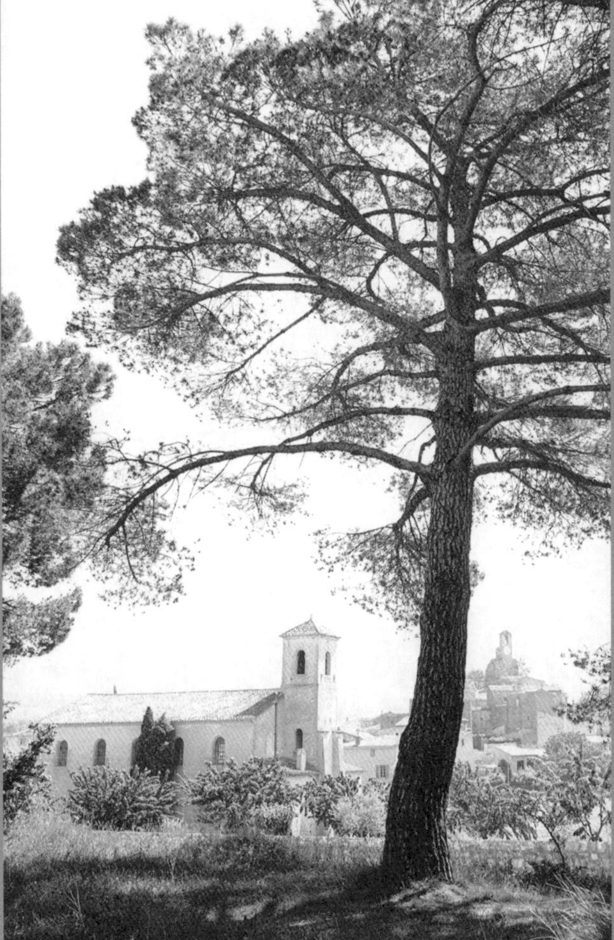

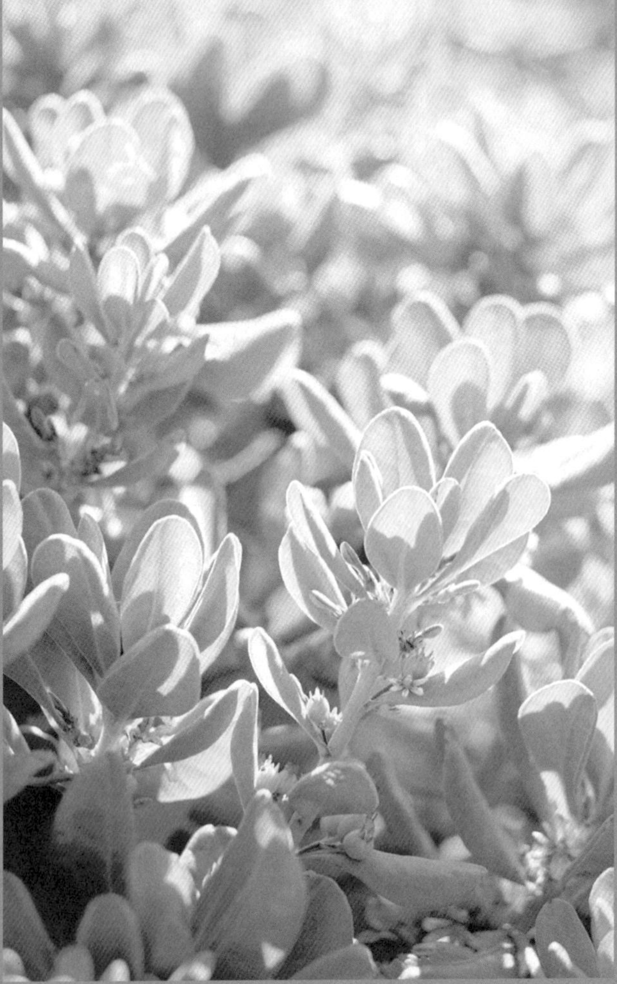

Ave, Maria!#

Amaral Ornellas*

Ave, Maria! Senhora
Do Amor que ampara e redime!
Ai do mundo se não fora
A vossa missão sublime!

Cheia de graça e bondade,
É por vós que conhecemos
A eterna revelação
Da Vida, em seus dons supremos.

O Senhor sempre é convosco,
Mensageira da ternura.
Providência dos que choram
Nas sombras da desventura.

Bendita sois vós, Rainha,
Estrela da Humanidade,
Rosa mística da Fé,
Lírio Puro da Humildade!

Entre as mulheres sois vós
A Mãe das mães desvalidas,
Nossa Porta de Esperança
E Anjo de nossas vidas!

Bendito o fruto imortal
Da vossa missão de luz,
Desde a Paz da manjedoura
Às dores além da Cruz!

Assim seja, para sempre,
Ó Divina Soberana,
Refúgio dos que padecem
Nas dores da luta humana!

* **Amaral Ornellas** (1885-1923) — Nasceu em 20 de outubro de 1885, em Barra do Piraí/RJ. Ornellas era um intelectual e participava ativamente das atividades artísticas da época. Autodidata, dotado de uma brilhante inteligência, sobressaiu-se como poeta, jornalista e teatrólogo, tendo sido premiado pela Academia Brasileira de Letras pela publicação do seu livro *A Sombra*. Foi funcionário público, trabalhando no Ministério da Fazenda. Talentoso escritor e poeta, deixou dois volumes de poesia consagrados pela crítica de sua época, além de copiosa literatura teatral e doutrinária.

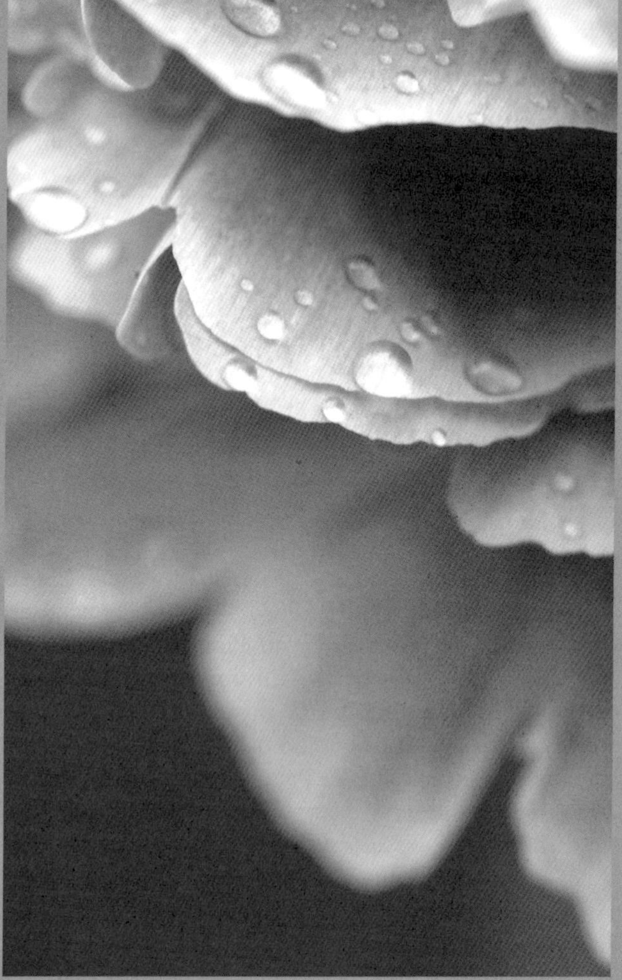

Oração da Criança

Emmanuel

Amigo:

Ajuda-me agora, para que eu te auxilie depois.

Não me relegues ao esquecimento, nem me condenes à ignorância ou à crueldade.

Venho ao encontro da tua aspiração, de teu convívio, da tua obra.

Em tua companhia estou nas condições de argila nas mãos do oleiro. Hoje, sou sementeira, fragilidade, promessa...

Amanhã, porém, serei tua própria realização.

Corrige-me com amor, quando a sombra do erro envolver-me o caminho, para que a confiança não me abandone.

Protege-me contra o mal. Ensina-me a descobrir o Bem onde estiver.

Não me afastes de Deus e ajuda-me a conservar o amor e o respeito que devo às pessoas, aos animais e às coisas que me cercam.

Não me negues tua Boa Vontade, teu carinho e tua paciência.

Tenho tanta necessidade de teu coração quanto a plantinha tenra precisa de água para prosperar e viver.

Dá-me tua bondade e dar-te-ei cooperação.

De ti depende que eu seja pior ou melhor amanhã.

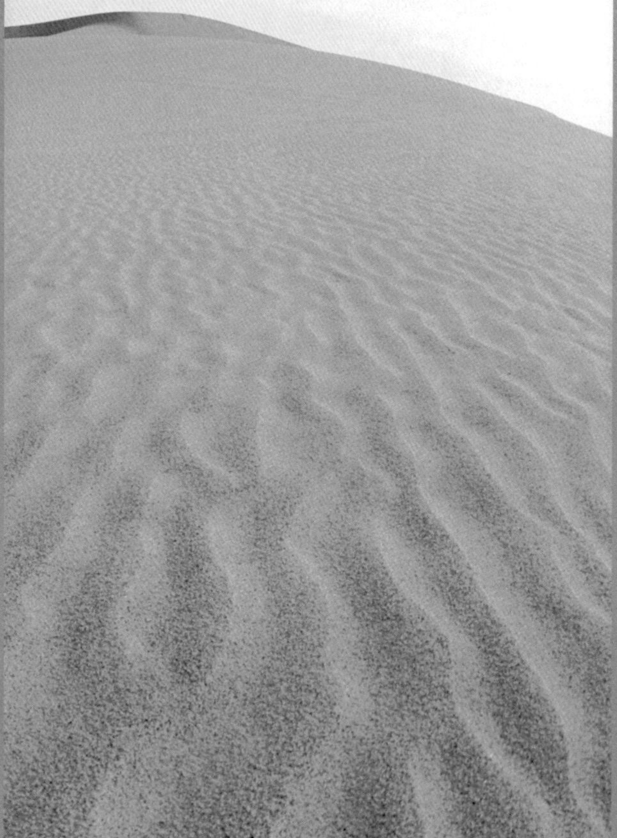

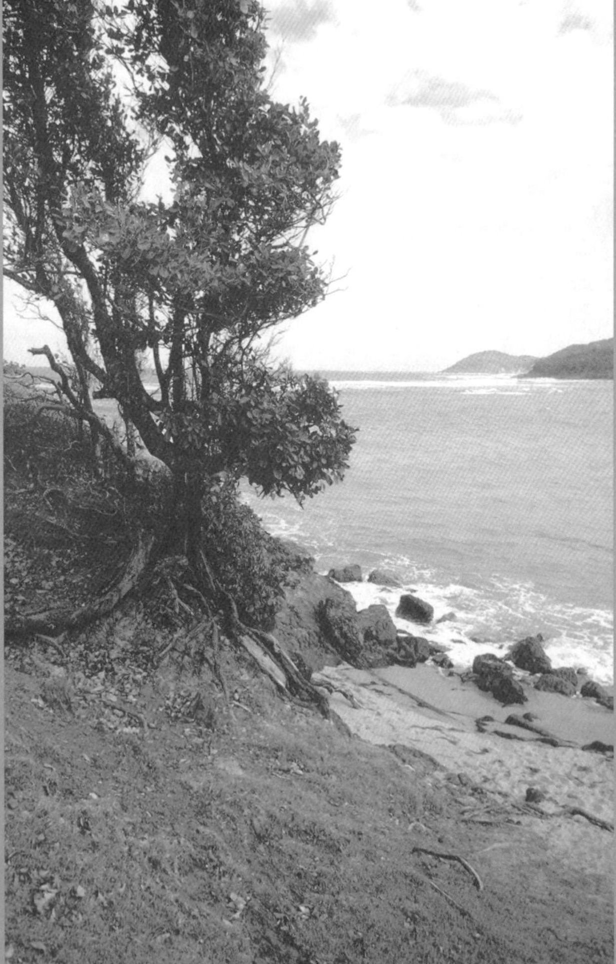

Prece [#]

Emmanuel

Senhor,

Ensina-me a ver as minhas próprias faltas, auxiliando-me a corrigi-las para que eu faça o melhor de mim, segundo os Teus desígnios.

Entretanto, Senhor, apaga-me a vocação de descobrir as falhas alheias, a fim de que a Tua paz me fortaleça o coração.

Que assim seja!

PERFEITA VIRTUDE

Confúcio* (551-479 a.C.)
Trecho do livro *Chung Yung* (*Doutrina do Meio*)

Aquele que possui a sinceridade não se limita a realizar a perfeição de si mesmo. Com essa qualidade completa também os outros homens e coisas. O completar-se a si mesmo mostra a sua perfeita virtude. O completar os outros homens e coisas mostra o seu conhecimento. Estas são duas virtudes que correspondem à natureza, este o modo pelo qual se efetua uma união no exterior e no interior. Portanto, sempre que ele, o homem inteiramente sincero, as utiliza — seus atos serão justos.

* **Confúcio** — Seu nome verdadeiro era K'ung Fu-tsé. Nasceu em Tsu, Estado de Lu, hoje Shantung (China). A renascença social e moral advogada por Confúcio é a de que uma sociedade humana deve ser regida por um movimento educativo, o qual parte de cima e equivale ao amor paterno, e por outro, de reverência, que parte de baixo, como a obediência de um filho. A doutrina confuciana considera o homem bom e possuidor do livre-arbítrio, sendo a virtude sua recompensa. O único sacrilégio é desobedecer à regra da piedade.

Prece

Fernando Pessoa*

Senhor, a noite veio e a Alma é vil.
Tanta foi a tormenta e a vontade!
Restam-nos hoje, no silêncio hostil,
O mar universal e a saudade.

Mas a chama, que a vida em nós Criou,
Se ainda há vida ainda não é finda.
O frio morto em cinzas a ocultou:
A mão do vento pode erguê-la ainda.

Dá o sopro, a aragem — ou desgraça ou ânsia —,
Com que a chama do esforço se remoça,
E outra vez conquistemos a distância —
Do mar ou outra, mas que seja nossa!

* **Fernando Pessoa (1888-1935)** — Nascido em Lisboa, Portugal, é considerado um dos maiores poetas de Língua Portuguesa, tendo seu valor comparado ao de Camões. A vida do poeta foi dedicada a criar, e criou outras vidas por meio de heterônimos, sua principal característica. Entre os principais estão Álvaro de Campos, Ricardo Reis, Alberto Caeiro, este último foi o único a não escrever em prosa. Foi também o primeiro português a figurar na Plêiade *(Collection Bibliotèque de la Pléiade)*, prestigiada coleção francesa de grandes nomes da literatura.

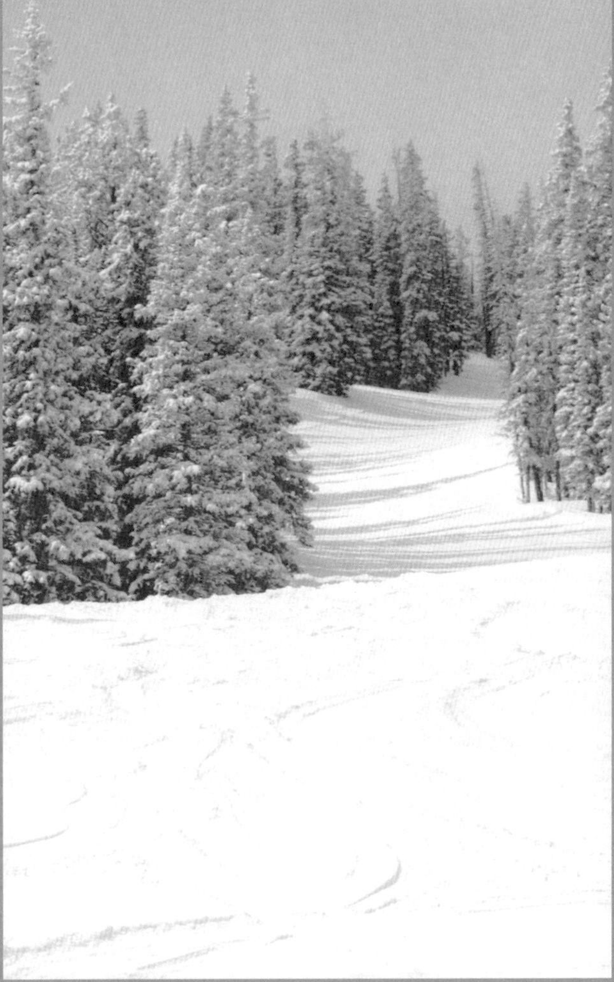

Boa Vontade humana, Boa Vontade Divina...*

Dr. Luís Pilotto
Médico Rotariano

Senhor:

Na obra da Criação, entre tantos esplendores, com munificência concedeste aos seres animados vontade e liberdade, para que agissem livremente, segundo suas tendências inatas.

Ao homem, além desses poderes, doaste a razão para que, ao agir, tivesse o discernimento do Bem e do mal.

A vontade humana, assim, pode representar a potência de querer, o desejo de lutar para possuir força para as conquistas,
ânimo para encetar empreendimentos, mas, quando transcende de ambição egoística, faz-se disposição do Espírito — elevação da Alma; a inteligência diferençando sobre o que deve ou não ser praticado, para a harmonia ou discordância entre os povos, conflui-se com sentimentos elevados e atinge fulcros da prevalência da Vontade de Deus, alcança o firmamento do Amor — pois "Amor é a Vontade de Deus, para o Bem, através da ação dos homens".

A vontade divina identifica-se com o ato deliberado da Criação, — causa e existência de todas as coisas, começo e meio para que o homem encontre a felicidade, empenhado no bem-estar e salvação do semelhante, rumos delineados para que todos, unidos pela Fé, alcancem a Plenitude.

Reverentes, Senhor, concentramos todo o nosso poder espiritual, para que a prece que elevamos represente hosanas em agradecimento pelo talento de, propositadamente, conforme impulsos interiores inspirados pela Tua sabedoria, exercermos a vontade de servir, conformando intenções humildes nos desígnios supremos.

---

* Oração ecumênica proferida no dia 7 de junho de 1991, na abertura do almoço realizado no Rotary Club Curitiba Norte, de Curitiba/PR, Brasil, quando José de Paiva Netto, Diretor-Presidente da Legião da Boa Vontade, recebeu o Diploma de Honra ao Mérito.

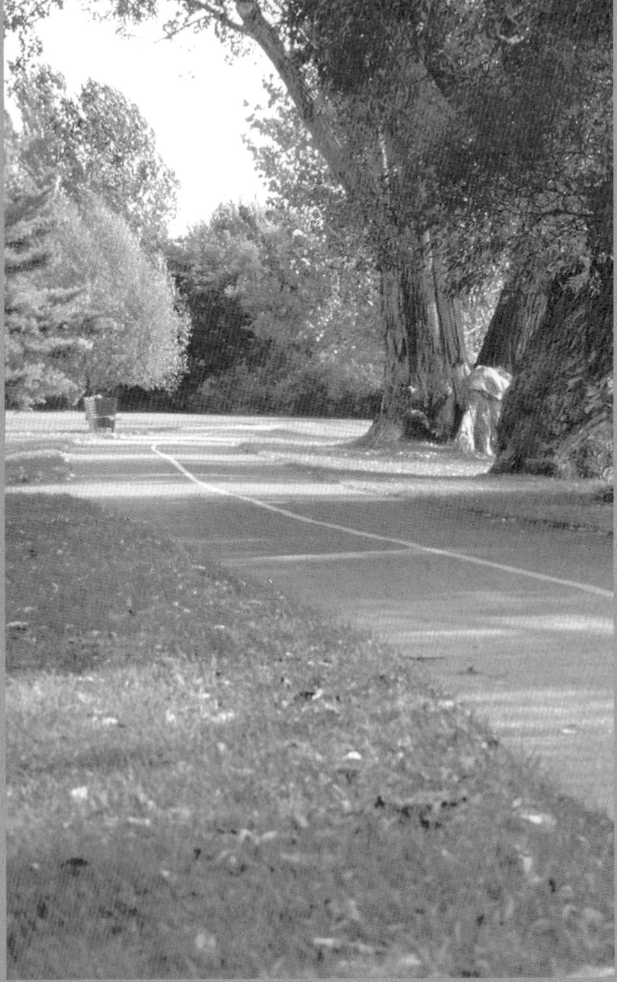

Prece do Motorista

Extraída da revista BOA VONTADE nº 26, de agosto de 1958, a oração ficou famosa na interpretação de Alziro Zarur (1914-1979), em seus programas radiofônicos.

Jesus,
quero que sejas
a Luz dos meus olhos,
para que eu veja sempre o caminho certo!
O Guia dos meus braços,
para que eu me dirija sempre para o Bem!
A Força da minha vida,
para que eu resista na luta diária pelo pão!
O meu Amigo constante,
para que eu sirva a todos com
Boa Vontade!
O Amor do meu coração,
para que eu ame a todos como a mim mesmo!

Oração do Ator

José Expedito Marques

(Ao Sadi Cabral, com a minha admiração.)
Extraída da *SBAT Revista de Teatro*

Ó meu Deus onipotente, criador do maior espetáculo — o Universo — ouvi-me nesta prece de amor!

Dai-me a perseverança, a paciência, a dignidade e o amor ao próximo, para que o meu espectador possa me suportar com perseverança, paciência, dignidade e amor.

Fazei com que eu viva meu papel, sem me distanciar de Vós.

Fazei com que a minha personalidade não se deixe influenciar pelo meu personagem, mas que eu possa colher dele toda a vivência, todo o vigor, toda a força e toda a magnitude.

Que eu transforme a realidade em uma nova realidade, que eu interprete a obra de arte com toda a força interior e que eu colha do meu trabalho toda a justiça, toda a fortaleza, toda a grandeza e todo o amor.

Fazei com que as luzes dos refletores se tornem luzes divinas a iluminar todos os atos da minha vida cênica, para que eu faça do palco um altar, sempre na intenção de o respeitar, dignificar, amar e venerar.

Que cada representação seja para mim um ato de fé.

Que cada trabalho seja um sacrifício em busca do sucesso e da glória para que eu envelheça, crescendo na representação, e represente, crescendo na velhice; sempre trabalhando, sempre emocionando o público e sempre glorificando a arte.

Enfim, para quando eu não mais existir (neste planeta), a minha atuação aqui na Terra não tenha sido em vão, e que, quando cair o pano, no ato final, todos aqueles que conviveram comigo possam aplaudir-me, gritando: bravo! bravo!

E, assim, eu possa agradar ao maior Diretor Universal: Deus!

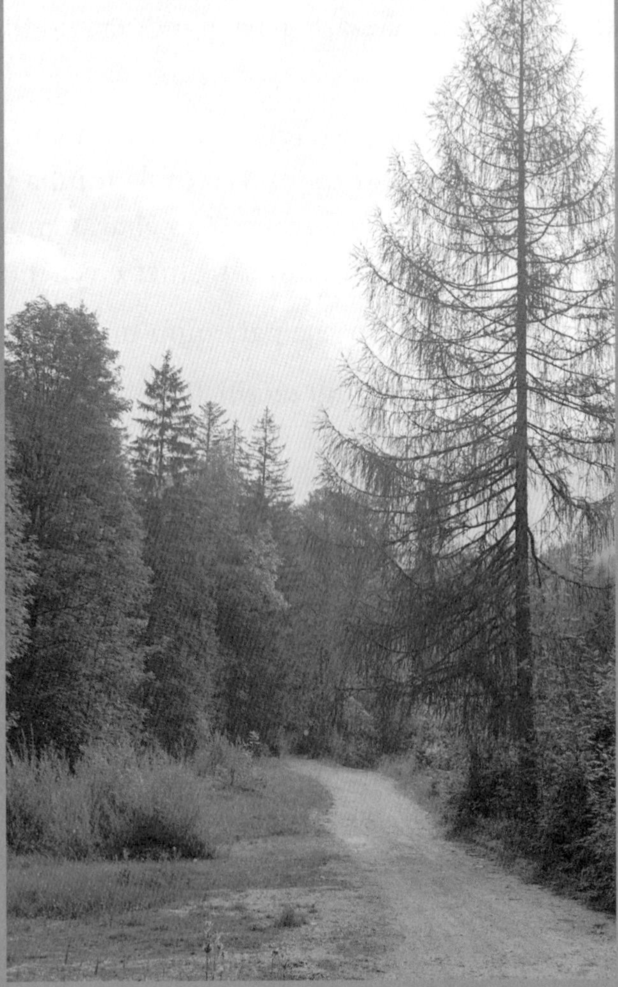

Ao Cristo Crucificado

Santa Teresa de Jesus [*1]
Versão — Fernando Rocha[*2]

Não me comove, meu Deus, para amar-Te
o céu que Tu me tens prometido;
não me comove o inferno tão temido,
para deixar por isso de ofender-Te.

Tu me comoves, Senhor; comove-me o ver-Te
cravado numa cruz e escarnecido;
comove-me ver Teu corpo tão ferido;
comove-me Teu sofrimento e Tua morte.

Comove-me, enfim, Teu Amor, de tal maneira,
que, embora não houvesse céu, Te amaria,
e, se não houvesse inferno, a Ti temeria.

Nada tens de me dar porque Te queira,
pois, ainda que tanto espere, não mereça,
o mesmo que Te quero, Te quereria.

*¹ **Santa Teresa de Jesus ou Teresa de Ávila** (1515-1582) — Religiosa espanhola, Carmelita. Nasceu na província de Ávila, na Espanha. Teresa é uma das maiores personalidades da mística católica de todos os tempos. Suas obras, especialmente as mais conhecidas *(Livro da Vida, Caminho de Perfeição, Moradas e Fundações)*, apresentam uma detalhada descrição de sua fé. Morreu em 4 de outubro de 1582, sendo sepultada em Alba de Tormes. Santa Teresa de Ávila foi canonizada em 1662. Em 1970 o Papa Paulo VI lhe conferiu o título de Doutora da Igreja.

*² **Fernando Antonio Franco da Rocha** (1933-2001) — Engenheiro, revisor de textos e poeta, foi membro do Departamento Editorial da Legião da Boa Vontade.

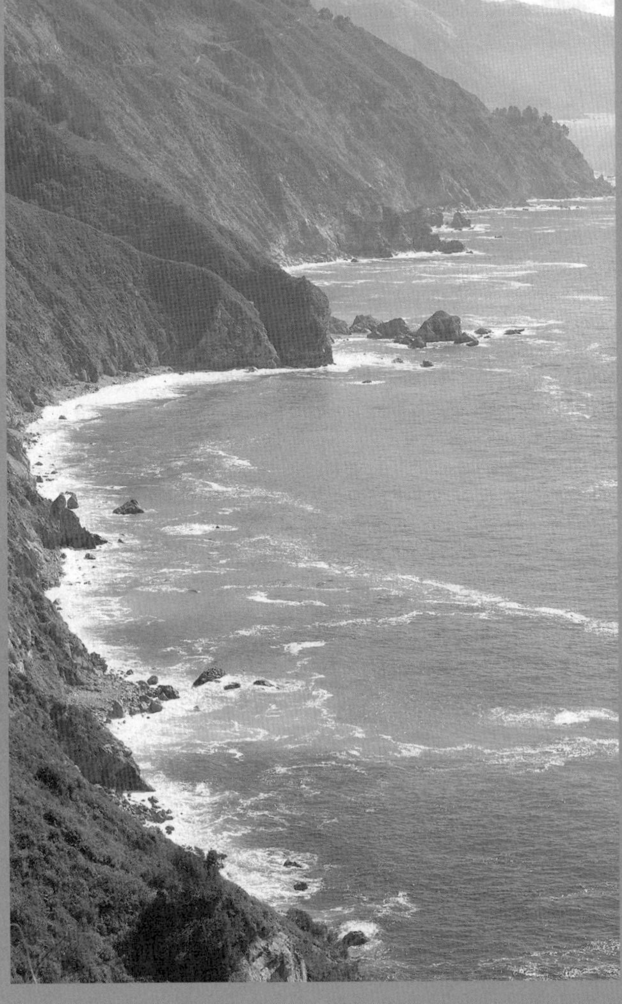

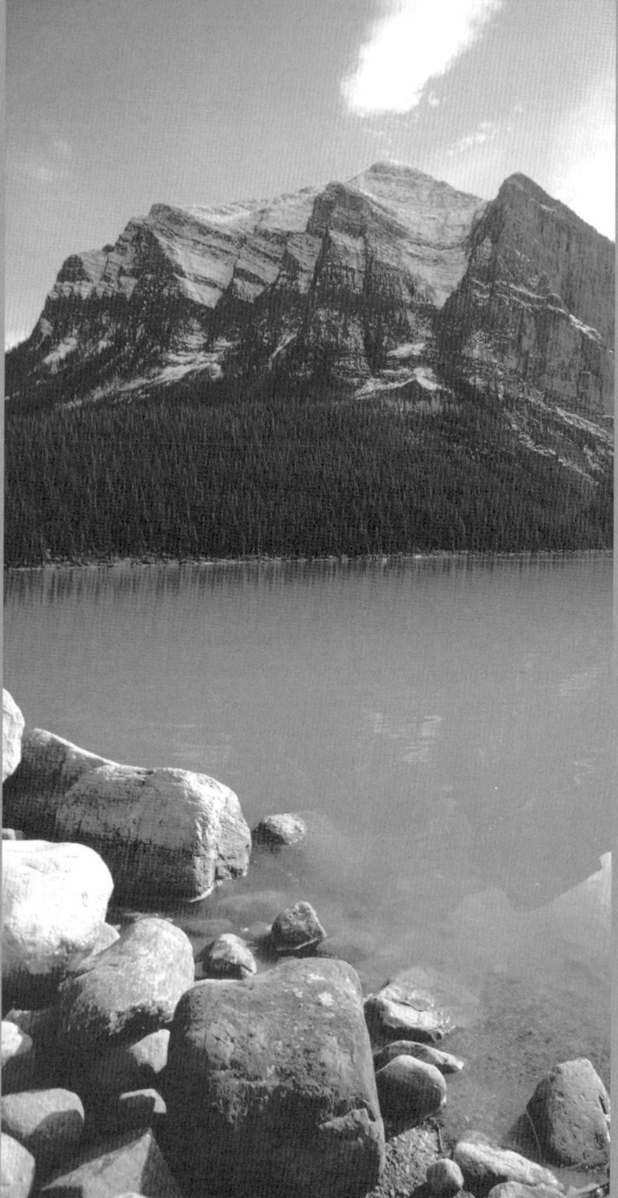

Escuta-me, Deus!

Prece encontrada no bolso de um soldado
americano, morto em combate.
Tradução de Niel Casses.
Extraída da revista BOA VONTADE
nº 26, de agosto de 1958.

Escuta-me, Deus! Jamais falei contigo...
Hoje quero saudar-Te: como vais?
Tu sabes... Disseram-me que não existias...
E eu, tolo, acreditei que era verdade...
Eu nunca havia olhado Tua grande obra...
Eu, ontem à noite, da cratera aberta
por uma granada, vi Teu Céu estrelado
e compreendi que havia sido enganado...
Eu não sei se Tu, Deus, apertarás a minha mão,
mas vou explicar-Te, e me compreenderás.
É bem curioso: neste horrível inferno,
encontrei a luz para olhar Tua face...
Depois disto, não tenho muito a dizer-Te,

a não ser que me alegro de Te haver
conhecido.
Depois da meia-noite haverá ofensiva,
mas não a temo, pois sei que Tu vigias.
O sinal! Bem, meu Deus, já tenho de ir-me...
Apeguei-me a Ti... Queria dizer-Te, ainda,
que, como sabes, haverá luta cruenta,
e talvez esta noite baterei à Tua porta...
Embora não tivéssemos sido amigos,
sei que permitirás que eu entre, se a Ti
chegar.
Mas... estou chorando... Bem vês, meu
Deus,
que já não sou tão ímpio...
Bom Deus! preciso ir-me... Boa sorte!
É estranho... Mas agora já não temo a
morte!

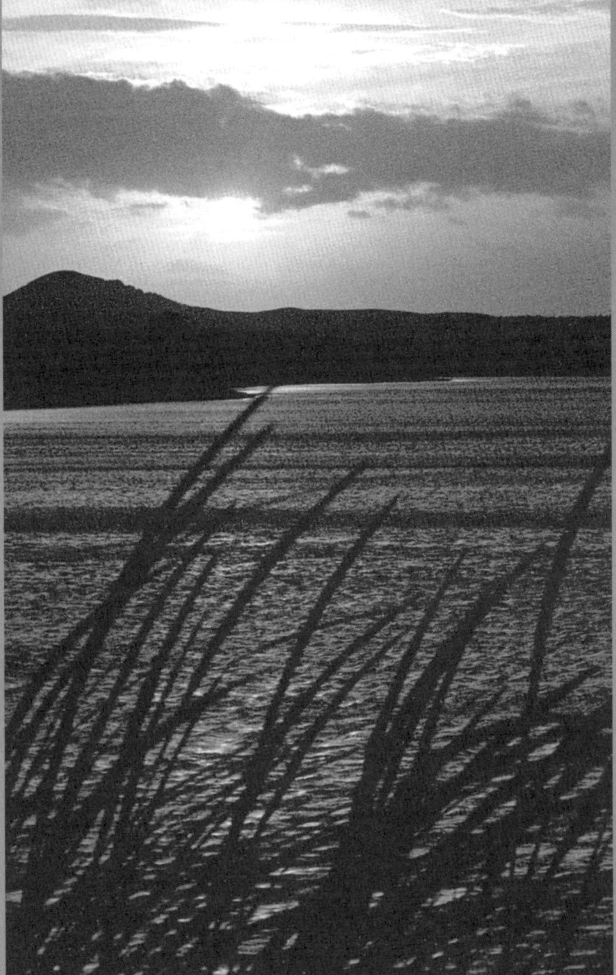

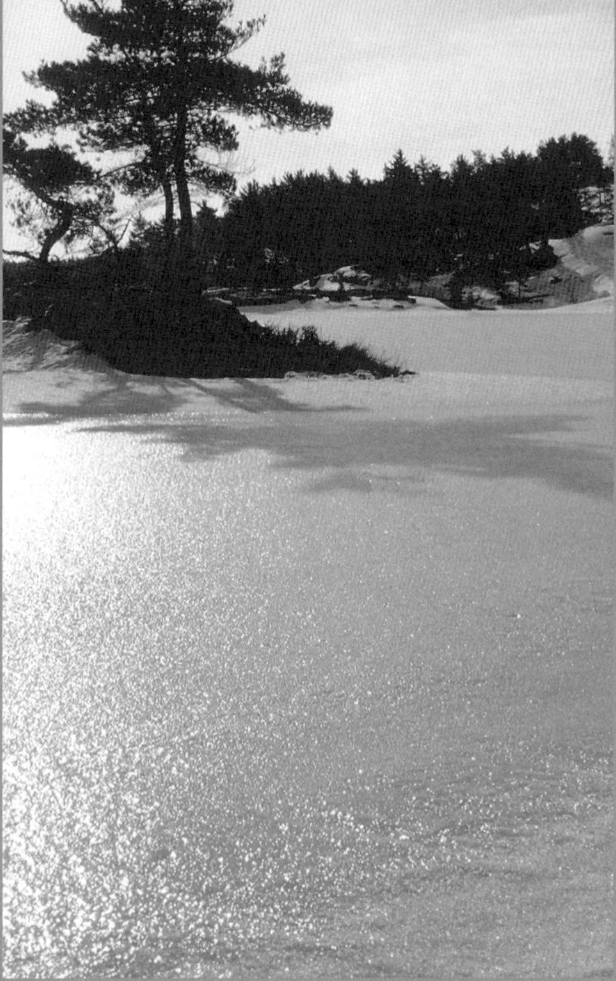

Deus

Eurípedes Barsanulfo*

O Universo é obra inteligentíssima; obra que transcende a mais genial inteligência humana; e, como todo efeito inteligente tem uma causa inteligente, é forçoso inferir que a do Universo é superior a toda inteligência; é a inteligência das inteligências; a causa das causas; a lei das leis; o princípio dos princípios; a razão das razões; a consciência das consciências; é Deus! Deus! Nome mil vezes santo, que Newton jamais pronunciava sem descobrir a cabeça!

Ó Deus que vos revelais pela Natureza, vossa filha e nossa mãe, reconheço-vos eu, Senhor, na poesia da criação; na criancinha que sorri; no ancião que tropeça; no mendigo que implora; na mão que assiste;

na mãe querida que vela; no pai extremoso que
instrui; no apóstolo abnegado que evangeliza as
multidões.

Ó Deus! Reconheço-vos eu, Senhor, no amor do
esposo; no afeto do filho; na estima da irmã; na
justiça do justo; na misericórdia do indulgente; na
fé do homem piedoso; na esperança dos povos; na
caridade dos bons; na inteireza dos íntegros.

Ó Deus! Reconheço-vos eu, Senhor! no estro do vate;
na eloquência do orador; na inspiração do artista; na
santidade do mestre; na sabedoria do filósofo e nos
fogos eternos do gênio!

Ó Deus! Reconheço-vos eu, Senhor! na flor dos
vergéis, na relva dos vales; no matiz dos campos;
na brisa dos prados; no perfume das campinas; no
murmúrio das fontes; no rumorejo das franças; na
música dos bosques; na placidez dos lagos; na altivez
dos montes; na amplidão dos oceanos e na majestade
do firmamento!

Ó Deus! Reconheço-vos eu, Senhor! nos lindos
antélios, no íris multicor; nas auroras polares; no

argênteo da Lua; no brilho do Sol; na fulgência das estrelas; no fulgor das constelações!

Ó Deus! Reconheço-vos eu, Senhor! na formação das nebulosas; na origem dos mundos; na gênese dos sóis; no berço das humanidades; na maravilha, no esplendor e no sublime do Infinito!

Ó Deus! Reconheço-vos eu, Senhor! com Jesus, quando ora: *"Pai nosso que estais nos Céus..."* ou com os Anjos quando cantam: *"Glória a Deus nas Alturas, Paz na Terra aos Homens e Mulheres da Boa Vontade de Deus".*

---

* **Eurípedes Barsanulfo** — Nasceu em 1º de maio de 1880, em Sacramento, Estado de Minas Gerais, e faleceu na mesma cidade, aos 38 anos de idade, em 1º de novembro de 1918. Respeitável representante político de sua comunidade, nele desabrocharam diversas faculdades mediúnicas, em especial a de cura, despertando-o para a vida missionária. Atraiu para a pequena Sacramento centenas de pessoas. Foi dedicado servidor do Cristo até o último instante de sua vida terrena, por ocasião da epidemia de gripe espanhola, pandemia que assolou o mundo em 1918.

Prece de Santo Agostinho[*]

Ó Deus! Formosura sempre antiga e sempre nova — quão tarde Te amei!... Tu estavas em meu coração — e eu Te buscava lá fora... Tu estavas comigo, mas eu não estava Contigo... E, então, Tu me chamaste em altas vozes... rompeste a minha surdez... relampejaste e afugentaste a minha cegueira... recendeste suaves perfumes em torno de mim, e eu os sorvia — e, agora, vivo a suspirar por Ti... Saboreei-Te, e, agora, tenho fome e sede de Ti... Tocaste-me de leve — eu me abrasei em Tua Paz.

Quanto mais Te possuo, tanto mais Te procuro... Que eu me conheça a mim para que Te conheça a Ti.

* **Santo Agostinho (354-430)** — Bispo católico, teólogo e filósofo que nasceu em 13 de novembro de 354 em Tagaste (hoje Souk-Ahras, na Argélia), santo e doutor da Igreja. Em 396 foi nomeado Bispo Assistente de Hipona, tornando-se, posteriormente, Bispo e assim permanecendo até sua morte em 430, durante o cerco de Hipona pelos Vândalos. Agostinho foi importante para o batismo do pensamento grego e sua entrada na tradição cristã, e posteriormente na tradição intelectual europeia, influenciando filósofos e pensadores com seus escritos.

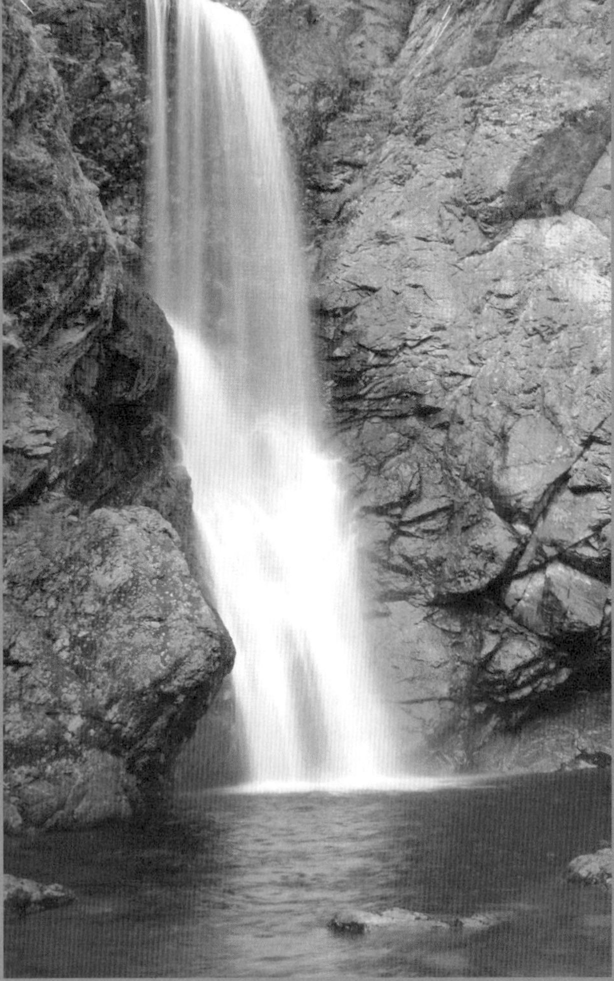

Oração dos que não sabem rezar

Newton Rossi*

Senhor!
Que estas palavras que não dizem tudo
Possam chegar um dia aos Teus ouvidos!
Chegar como quem chega sem bater à porta...
Sem roupa nova, sem nenhum requinte
E sem mesmo saber como chegou!...
Que o ódio seja extinto pela paz,
Que haja compreensão e tolerância,
Que os povos se entendam como irmãos!
E que no coração da criatura humana,
Pleno de equilíbrio e de harmonia,
Viceje a planta da Fraternidade!...

Senhor!
Que estas palavras que não dizem tudo
Possam transpor os mundos no infinito,
Levando o apelo mudo dos aflitos,
Os gemidos de dor dos desgraçados,
O remorso dos maus, e dos bons o perdão...
E a ânsia oculta, da espécie humana,
De atingir, sem saber como, a perfeição!...

Escuta-as, Senhor!
São palavras que não foram decoradas,
Não foram feitas apenas para os lábios...
Mensagem de pureza que mais é um clamor
Dos que não sabem dizer, dos que não podem falar,
Dos que só sabem sofrer, dos que só sabem sentir,
Dos que só sabem esperar...
Esta é a oração dos que não sabem rezar.

* **Newton Rossi (1926-2007)** – Empresário, poeta e trovador, foi Conselheiro Consultivo do Fórum Mundial Espírito e Ciência (FMEC), realizado pelo Parlamento Mundial da Fraternidade Ecumênica, o ParlaMundi da LBV. Membro vitalício da Academia de Letras de Belo Horizonte, Academia de Letras de Brasília, Academia de Letras e Música do Brasil, Academia Taguatinguense de Letras, Academia de Trovadores do DF, Instituto Histórico e Geográfico do DF, Sindicato dos Escritores de Brasília e da União dos Escritores do Brasil (UBES).

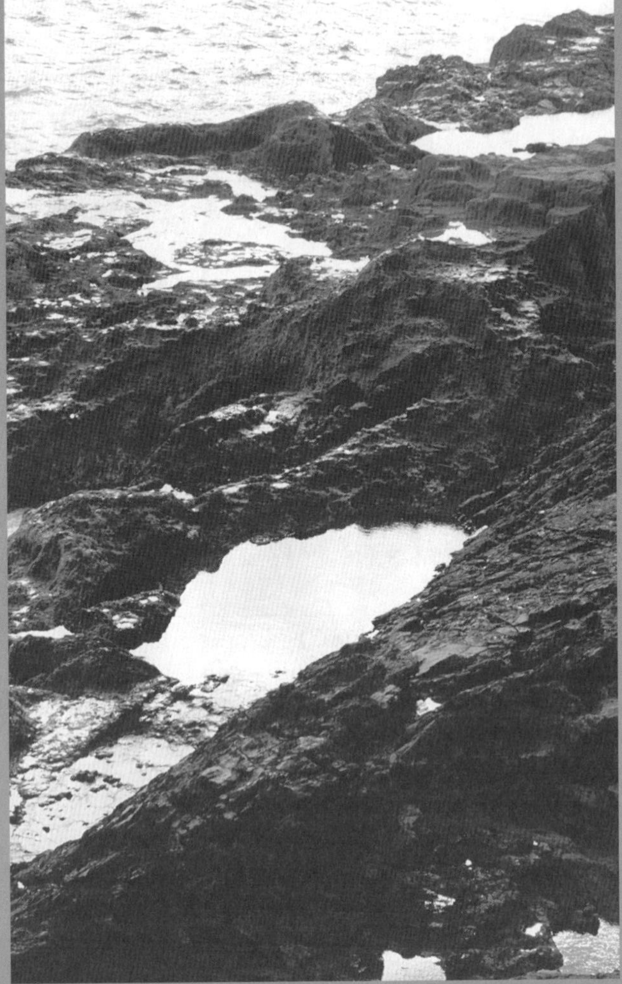

Prece da Criança Boa

Leopoldo Machado[*]
Legionário da Boa Vontade nº 2.

— Senhor, Tu me dás tudo:
Vida, saúde, força e inteligência!
Eu não Te dou, contudo,
Nada ainda, Senhor,
Porém, tenho esperança
De dar-Te muita coisa,
Enquanto sou criança!

Eu Te prometo honrar,
A vontade de ser obediente,
A meus pais, a meus mestres,
no meu lar,
E boazinha para toda gente.

E na vontade também
De cooperar, Senhor, de cooperar
Na prática do Bem,
Sem cometer jamais
Nada que fira, que maltrate e doa;
Nem aos pequenos, nem aos animais:
Eu quero ser uma criança boa.
(Eu sou uma criança boa!)

---

* **Leopoldo Machado (1891-1957)** – Jornalista, professor, poeta, escritor, compositor, pregador espírita. Nasceu no Arraial de Cepa Forte, hoje Jandaíra/BA, a 30 de setembro de 1891. Escritor de vários livros, deixou publicadas crônicas, peças teatrais, biografias, roteiros, teses, além de compor inúmeras melodias para a mocidade e para a infância. Foi Legionário número dois da Legião da Boa Vontade (LBV), fundada em 1950 pelo radialista, jornalista, escritor e poeta Alziro Zarur, de quem foi grande amigo e incentivador. Faleceu na cidade de Nova Iguaçu/RJ, em 22 de agosto de 1957.

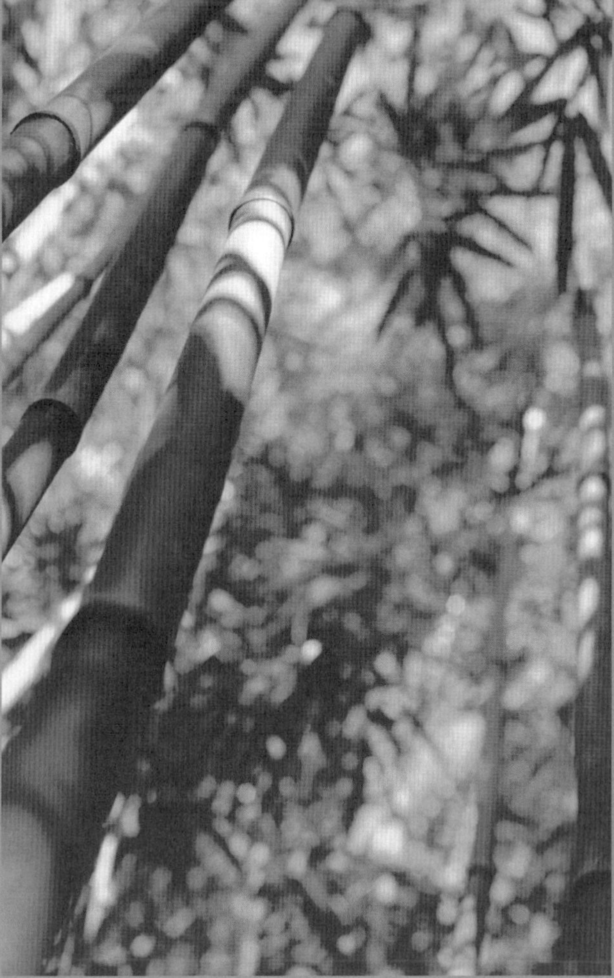

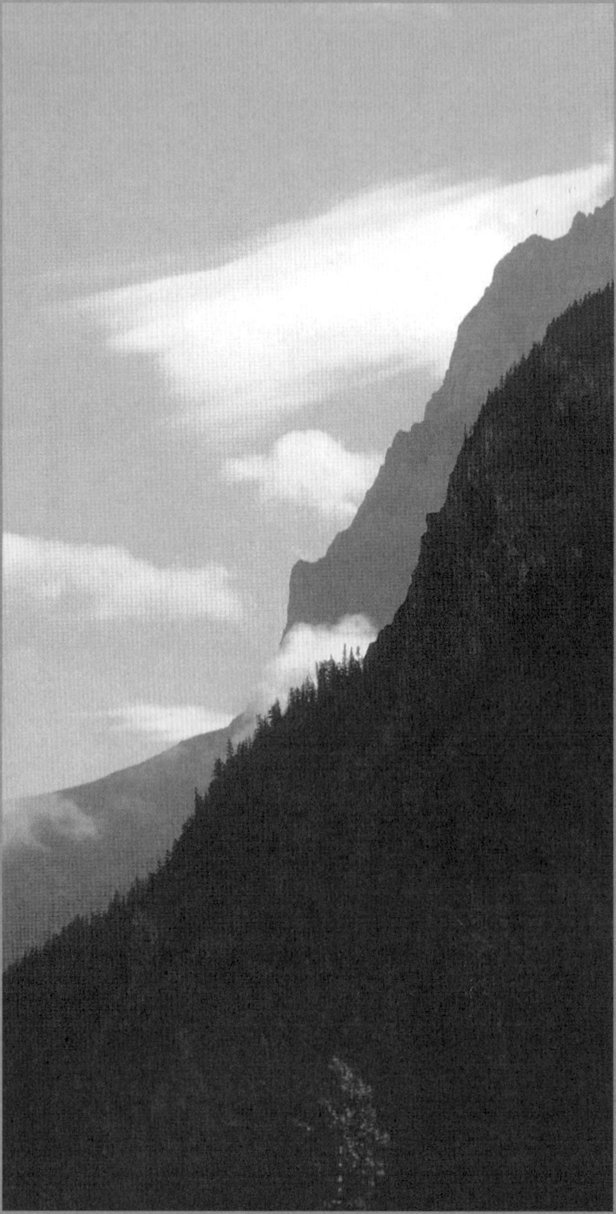

Oração Gnóstica

V. M. Samael Aun Weor*,
Grande Mestre Gnóstico do século XX.
Tradução: Fernando Salazar Bañol, Conselheiro do
Fórum Espírito e Ciência, do ParlaMundi da LBV.

Tu, Logos Solar, Emanação Ígnea, Cristo em substância e em consciência, vida potente pela qual tudo avança, vem até mim e penetra-me, ilumina-me, banha-me, trespassa-me e desperta em meu Ser todas essas substâncias inefáveis que tanto são parte de Ti como de mim mesmo.

Força Universal e Cósmica, Energia Misteriosa, eu te conjuro, vem até mim, alivia minha aflição, cura-me este mal e afasta de mim este sofrimento para que possa ter harmonia, paz e saúde.

Assim seja.

---

* **Samael Aun Weor (1917-1977)** — Nasceu em 6 de março de 1917 na Colômbia. Aos 12 anos, empreendeu um trabalho de estudar dezenas de escolas e obras, seguindo sua busca por seu caminho filosófico, sendo mestre e guia da nação gnóstica.

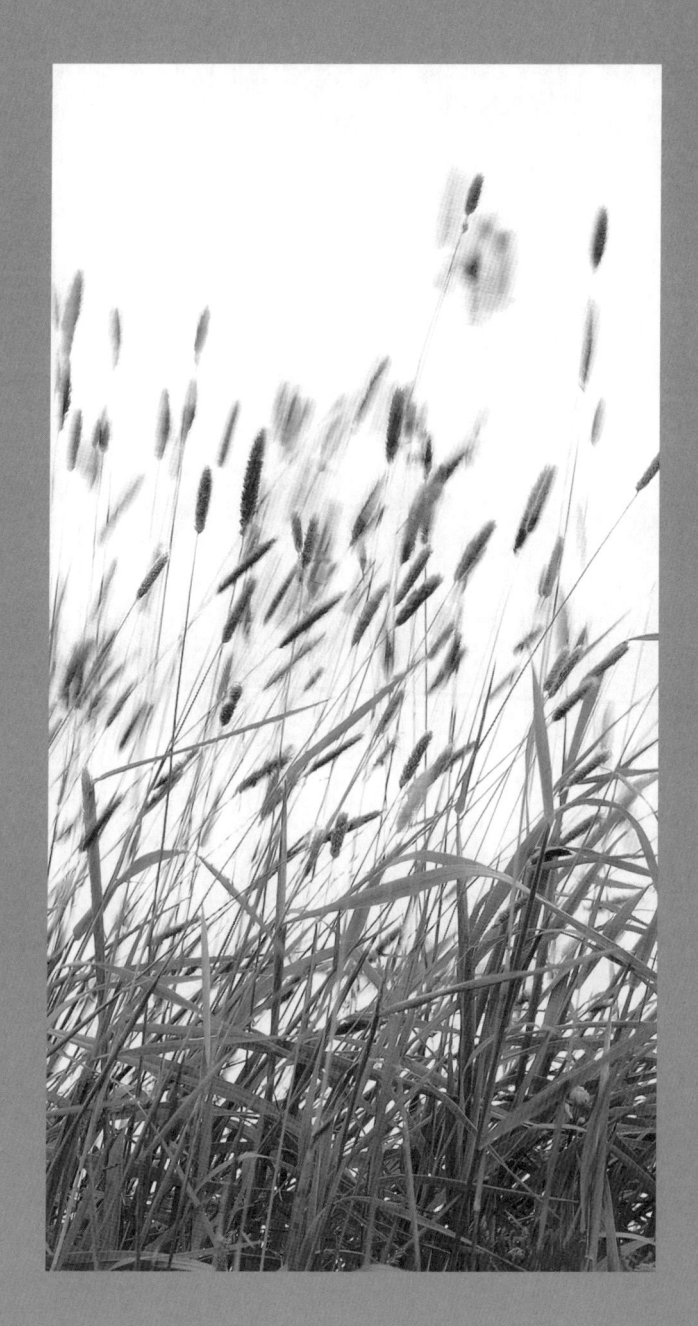

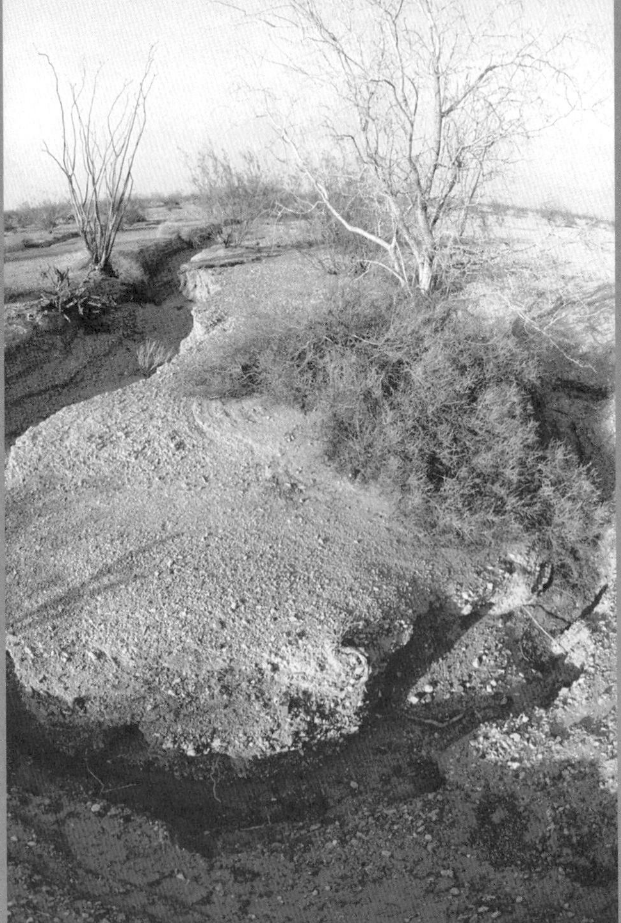

Oração da Criança

Rita de Cássia Mineto

Bom Pai do Céu,
Permanecei sempre perto de mim,
Fazei que eu vos ame cada vez mais.
Que o meu coraçãozinho de criança seja puro
E que não haja lugar para a raiva.
Que meus olhinhos estejam voltados somente para o Bem.
Ó Deus!
Afastai de mim pensamentos de qualquer maldade contra meus irmãos.
Não permitais que da minha boquinha saia alguma mentira e nem palavras feias.

Que a inteligência, em boa dose que me destes, seja em benefício da Humanidade.
Fazei que eu ame a todos os meus irmãos, amigos ou inimigos, bons ou maus, conhecidos ou não, os que eu encontrar durante toda a minha vida.
Fazei, Senhor, que eu nunca venha a magoar o coração de meus pais que me tratam com tanto carinho e tanto Amor.
Senhor, dai-me vontade e coragem para cumprir o Vosso mandamento, fazendo aos outros o que eu quero que os outros me façam.
Que assim seja!

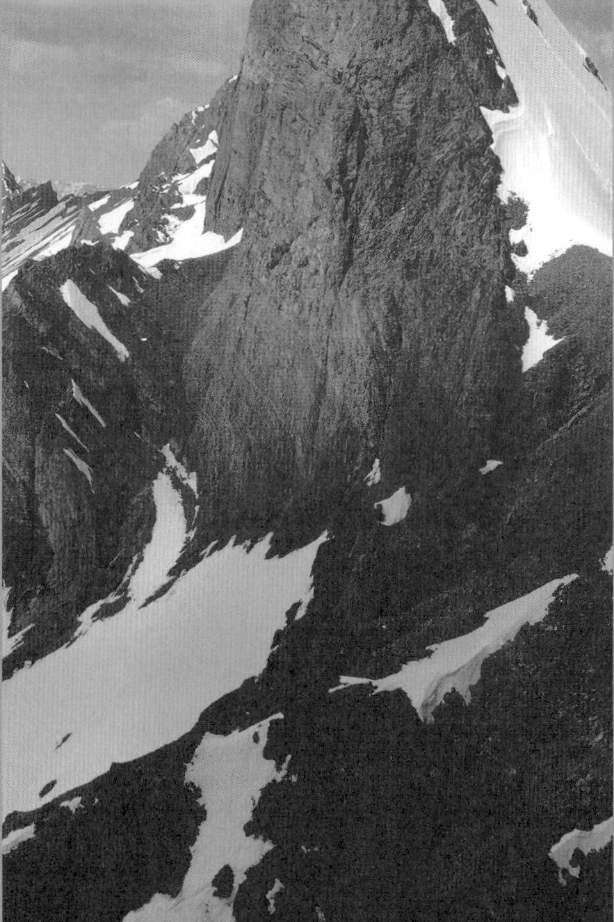

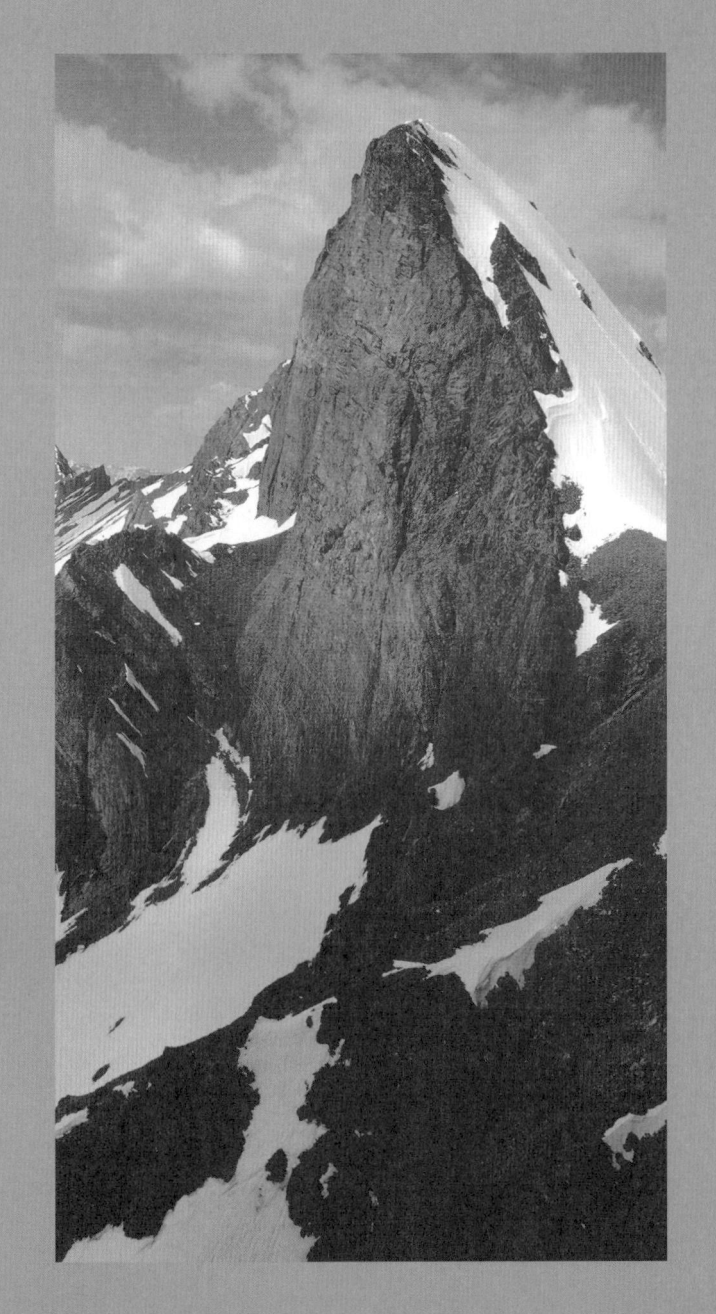

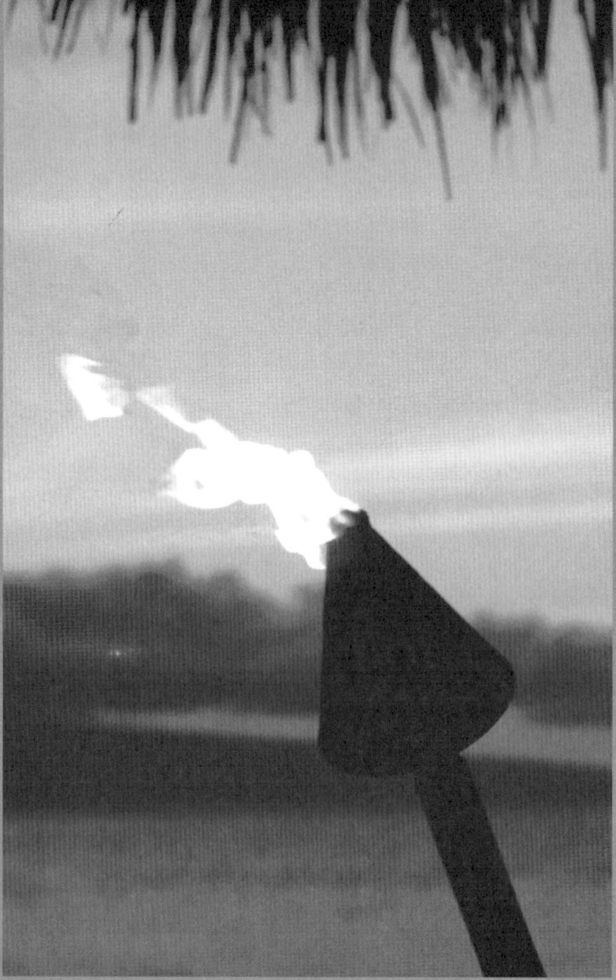

Prece da Vigilância Espiritual

Oração noturna

Alziro Zarur

Deus Está Presente!

Meu Jesus, que a gloriosa falange de São Francisco de Assis, Patrono da Divina Legião da Boa Vontade, guarde o meu Espírito, não somente o meu corpo, enquanto durmo. E se vier a sofrer um ataque da treva, que eu esteja apto a revidá--lo instantaneamente. Mas peço a Tua misericordiosa proteção em nome do Pai, do Filho e do Espírito Santo. Amém.

Viva Jesus!

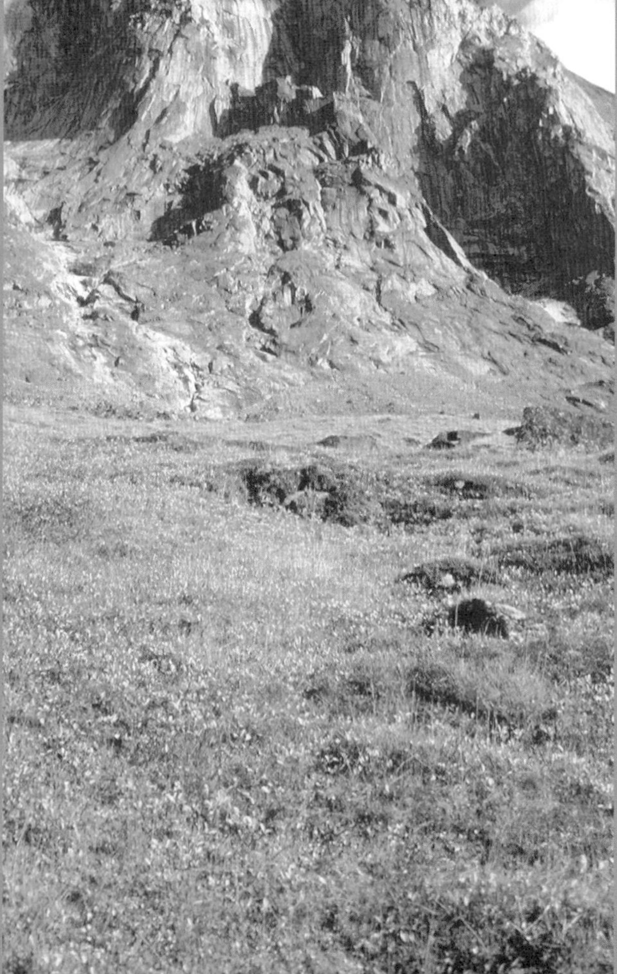

Ao Cristo, com decisão!

Paiva Netto

A vida passa
E a dor sem graça
Fere o coração.
Mas a Fé aquece
A Alma que padece
E aponta o caminho
Da Redenção.
E o Espírito porfia,
Porque confia
No Salvador.
E com força marcha
Com devoção avança
E o Cristo alcança
Com decisão!

---

* **Ao Cristo, com decisão!** — Esta prece foi elevada ao Cristo, por Paiva Netto, na Praça San Martín, Buenos Aires, Argentina, em 15/5/1996, num momento desafiador de sua vida.

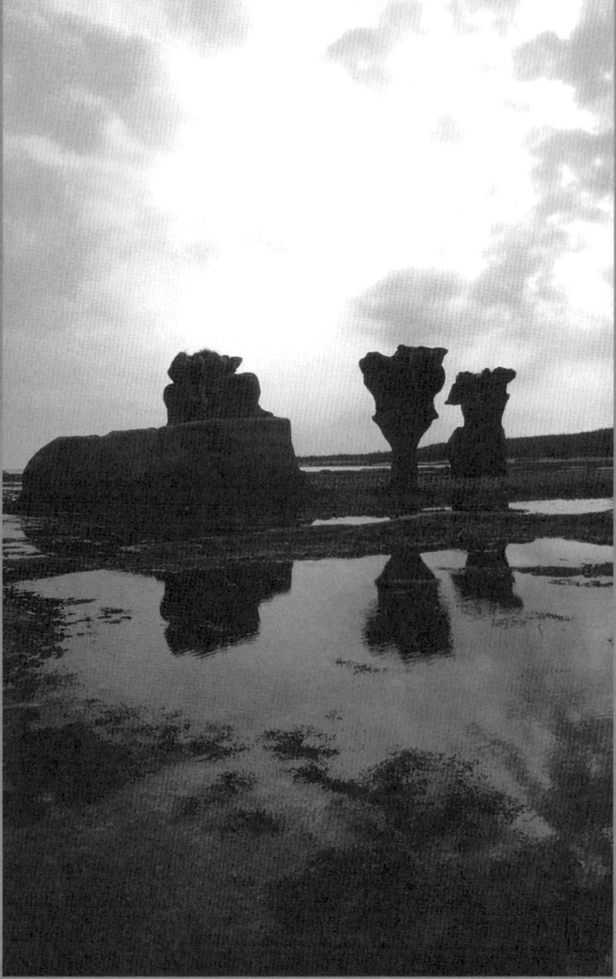

Prece da Juventude Legionária da Boa Vontade nos Meios de Comunicação

Pensando na grande responsabilidade que cabe às novas gerações da LBV e da Religião de Deus, do Cristo e do Espírito Santo, José de Paiva Netto proferiu, de improviso, esta prece:

Ó Jesus, Cristo Ecumênico, Divino Estadista, cuja misericórdia nos sustenta! Tu nos concedes a extraordinária oportunidade de usar os meios de comunicação que abriste para a Legião da Boa Vontade e para a Religião de Deus, do Cristo e do Espírito Santo. Tudo isto para proclamar o Teu Evangelho-Apocalipse. Esperamos não Te desmerecer jamais, nem ao Teu Novo Mandamento que para a Humanidade deixaste — *"Amai-vos como Eu vos amei. Somente assim podereis ser reconhecidos como meus discípulos, se tiverdes o mesmo Amor uns pelos outros. Não há maior Amor do que doar a própria vida pelos seus amigos"* (Evangelho, segundo João, 13:34 e 35 e 15:13). E esta, Jesus, é a Tua Lei de Solidariedade Universal de que o mundo tanto precisa para viver a Sociedade Solidária Altruística Ecumênica, firmada no Teu Ecumenismo-Fraternidade. De forma que, pequeninos que somos, Te pedimos, ó Divino Comunicador, que penses pelo nosso cérebro, palpites pelo nosso coração, Te expresses pela nossa boca e atues pelas nossas mãos. Que a nossa palavra e os nossos atos enriqueçam os Teus ouvintes e telespectadores da Super Rede Boa Vontade de Comunicação. Que aqueles que sofrem possam receber o Teu conforto por nosso intermédio. E quem se considerar desamparado, perdido, tenha consciência de que não o está, porque Tu velas por todos, pois disseste: *"Eu não vos deixarei órfãos; e estarei convosco, todos os dias, até o fim do mundo"* (Boa Nova de Jesus, consoante João, 14:18 e Mateus, 28:20). E que sejamos capazes de transmitir o Teu Celeste recado aos nossos Irmãos, sendo dignos de Ti e de Tua Obra.

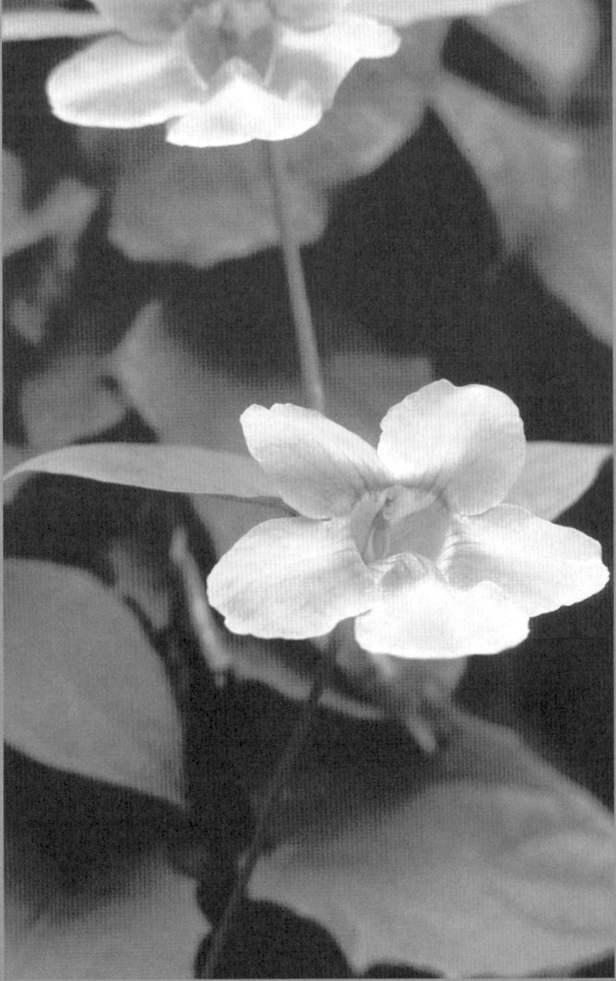

Índice de Nomes

Abdul'l-Bahá – 74, 75
Abraão – 103
Agostinho, Santo – 24, 154, 155
André Luiz – 118
Andres, Valdir – 188
Assis, São Damião de – 32
Assis, São Francisco – 31, 32, 35, 173
Bahá'u'lláh – 75
Bañol, Fernando Salazar – 165
Barbosa, Rui – 24
Barsanulfo, Eurípedes – 151, 153
Bentim, Marlene – 56
Bento, São – 22
Bernardone, Pedro di – 32
Boff, Leonardo – 23
Botelho, Camilo Cândido – 118
Buda – 78, 80
Cabral, Sadi – 140
Camões, Luís de – 133
Cáritas – 53, 55
Carrel, Alexis – 20
Casses, Niel – 147
Caymmi, Dorival – 184
Confúcio – 130, 131
Cretella Júnior, José – 188
Deguchi, Kurenai – 63, 64
Deguĉi, Onisaburo – 61
Deus, João de – 113, 115
Dornelas, Homero – 184
El Hayek, Samir – 71
Emmanuel – 117, 118, 125, 129

Flammarion, Camille – 48
Gandhi – 20
Gonçalves, Ricardo Mário – 78, 80
Gonçalves, Yvonette – 80
Hart, Thomas Charles – 95
Horta, José Silvério – 109, 111
Jesus Cristo – 4, 5, 7 a 10, 19, 21 a 23, 27, 39, 51, 56, 64, 69, 99, 100 a 102, 110, 111, 139, 153, 165, 173, 175, 177, 178
João Evangelista – 7, 9, 178
Jones, Stanley Eli – 23
Kardec, Allan – 47, 48
Kempis, Tomás de – 23
Ki-moon, Ban – 187
Kubitschek, Juscelino – 185
Lao-tsé – 86, 87
Lopes, Moacir C. – 188
Lucas – 10, 42, 64, 100, 102
Machado, Leopoldo – 161, 162
Maeda, Shigeki – 61, 63 a 65
Marcos – 19
Maria Santíssima – 102, 105 a 106, 121
Marien, Nehemias – 21
Marques, José Expedito – 140
Mateus – 27, 39, 99, 178
Menezes, Bezerra de – 22
Miguel Arcanjo, São – 72
Mineto, Rita de Cássia – 169
Moisés – 54
Muhammad (Profeta) – 23
Newton, Isaac – 151

Niebuhr, Reinhold – 95
Ogum – 76, 77
Ornellas, Amaral – 121, 123
Oshalá – 76
Paiva, Bruno Simões de – 184
Paiva, Idalina Cecília de – 184
Paiva, Lícia Margarida – 184
Papa Leão XIII – 72, 73
Papa Paulo VI – 144
Papa Pio IX – 73
Paulo Apóstolo – 101
Pedro Apóstolo – 9
Penido, Geraldo Maria de Moraes – 24
Pereira, Luciano Duarte – 51
Pereira, Vanderlei Alves – 51
Pereira, Yvonne do Amaral – 118
Pessoa, Fernando – 132, 133
Pestalozzi, Johann Heinrich – 48
Pilotto, Luís – 135
Rachid, Jamil – 76, 77

Rezende, Jonas – 21
Rocha, Fernando Antonio Franco da – 143, 144
Rossi, Newton – 157, 159
Saint-Exupéry, Antoine de – 22
Silva, Benedicto – 64
Sunirmalananda, Swami – 82
Tagore, Rabindranath – 22, 96, 97
Teresa de Jesus, Santa – 143, 144
Tiago – 20
Uys, Errol Lincoln – 188
Varela, Fagundes – 105, 107
Villa-Lobos, Heitor – 184
Vishnu – 84
W. Krell – 55
Wen – 87
Weor, V. M. Samael Aun – 165, 166
Xavier, Francisco Cândido – 108, 111, 118
Zarur, Alziro – 19, 35, 39, 98, 101, 139, 162, 173, 184
Zhao – 87

BIOGRAFIA

José de Paiva Netto, escritor, jornalista, radialista, compositor e poeta, nasceu em 2 de março de 1941, no Rio de Janeiro/RJ, Brasil. É diretor-presidente da Legião da Boa Vontade (LBV). Membro efetivo da Associação Brasileira de Imprensa (ABI) e da Associação Brasileira de Imprensa Internacional (ABI-Inter), é filiado à Federação Nacional dos Jornalistas (Fenaj), à International Federation of Journalists (IFJ), ao Sindicato dos Jornalistas Profissionais do Estado do Rio de Janeiro, ao Sindicato dos Escritores do Rio de Janeiro, ao Sindicato dos Radialistas do Rio de Janeiro e à União Brasileira de Compositores (UBC). Integra também a Academia de Letras do Brasil Central.

Entre as inúmeras homenagens recebidas, foi agraciado com a Medalha do 1º Centenário da Academia Brasileira de Letras (ABL), nomeado Comendador da Ordem do Rio Branco, pelo Ministério das Relações Exteriores, e condecorado com o Grau de Comendador, pelo Conselho da Ordem do Mérito Aeronáutico, e com a Medalha do Pacificador, pelo Ministério do Exército brasileiro.

Filho primogênito de Idalina Cecília (1913-1994) e Bruno Simões de Paiva (1911-2000) — que tiveram como padrinho de casamento Dorival Caymmi (1914-2008) — e irmão de Lícia Margarida (1942-2010). Teve a infância e a juventude marcadas por uma preocupação incomum com temas espirituais, filosóficos, educativos, sociais, políticos, científicos e econômicos, além de um profundo senso de auxílio aos necessitados.

Estudou no tradicional Colégio Pedro II, na capital fluminense, do qual recebeu o título de Aluno Eminente, sendo homenageado com placa de bronze na sede desse conceituado colégio-padrão. Em 1956, ainda adolescente, iniciou sua jornada vitoriosa ao lado do saudoso fundador da Legião da Boa Vontade, o jornalista, radialista, escritor, poeta e pensador brasileiro Alziro Zarur (1914-1979). Foi um dos principais assessores dele durante quase um quarto de século. Para se dedicar totalmente à LBV, abandonou a vocação para a medicina. Mais tarde, tornou-se secretário-geral (cargo equivalente ao de vice-presidente) da Instituição e, com o falecimento de Zarur, sucedeu-o.

Compositor e produtor musical, Paiva Netto foi aluno do professor Homero Dornelas (1901-1990), assessor do notável maestro e compositor brasileiro Villa-Lobos

(1887-1959). Elaborou a "Marcha dos Soldadinhos de Deus", interpretada pela primeira vez em 21 de abril de 1960 por meninos amparados pelo Instituto São Judas Tadeu, no Rio de Janeiro, onde colaborava como voluntário. A apresentação foi uma homenagem a Brasília/DF, que o então presidente da República Juscelino Kubitschek (1902-1976) inaugurava naquela data.

À frente da Legião da Boa Vontade desde 1979, multiplicou as ações desta nas áreas da educação e da promoção humana e social por meio das unidades de atendimento da Instituição, as quais abrangem escolas-modelo de educação básica, lares para idosos e centros comunitários de assistência social. Tais espaços servem para projetos ainda maiores, a que Paiva Netto se tem dedicado há bastante tempo: a Educação com Espiritualidade Ecumênica, consubstanciada em uma vanguardeira linha pedagógica, que propõe um modelo novo de aprendizado, o qual alia cérebro e coração. Essa proposta educacional, formada pela Pedagogia do Afeto e pela Pedagogia do Cidadão Ecumênico, é aplicada com sucesso na rede de ensino da LBV e nos programas socioeducacionais desenvolvidos por ela.

Os ideais da Boa Vontade não têm fronteiras e empolgam diversas nações. Atualmente, as iniciativas solidárias expandem-se para a LBV da Argentina, do Paraguai, do Uruguai, da Bolívia, de Portugal e dos Estados Unidos, além de muitas outras regiões do mundo, sendo mantidas por meio de donativos de cada população local.

Por causa da ampla abrangência de seus programas e de suas ações e da excelência no trabalho realizado, a Legião da Boa Vontade conquistou o reconhecimento da Organização das Nações Unidas (ONU), com a qual tem atuado em parceria há mais de vinte anos. Em 1994, a LBV tornou-se a primeira entidade do terceiro setor do Brasil a associar-se ao Departamento de Informação Pública (DPI) desse organismo internacional e, em 1999, foi a primeira instituição da sociedade civil brasileira a obter o *status* consultivo geral (grau máximo) no Conselho Econômico e Social (Ecosoc/ONU). Em 2000, passou a integrar a Conferência das ONGs com Relações Consultivas para as Nações Unidas (Congo), com sede em Viena, na Áustria, e, em 2004, foi cofundadora do Comitê de ONGs sobre Espiritualidade, Valores e Interesses Globais nas Nações Unidas.

Além de mobilizar a sociedade civil em torno dos oito Objetivos de Desenvolvimento do Milênio (ODM), a LBV tem participado ativamente das principais reuniões do Ecosoc, contribuindo com importantes documentos e publicações, editados em diversos idiomas e entregues a chefes de Estado, conselheiros ministeriais e representantes da sociedade civil. Dentre esses materiais destacam-se as revistas *Sociedade Solidária*, *Paz para o Milênio* e *Globalização do Amor Fraterno*. Esta última, encaminhada para a reunião do *High-Level Segment*, em 2007, realizada no Palais des Nations, escritório central da ONU em Genebra, na Suíça —, foi recebida com muito entusiasmo pelo secretário--geral das Nações Unidas, Ban Ki-moon, quando da visita deste ao estande da LBV no evento. Ele referendou seu apoio à LBV ao assinar a capa da revista e ratificou seus votos de muito sucesso para a Legião da Boa Vontade.

Em 21 de outubro de 1989, Paiva Netto fundou, em Brasília/DF, o Templo da Boa Vontade (TBV), com a presença de mais de 50 mil pessoas. O Templo da Paz é o polo do Ecumenismo Divino, que proclama o contato socioespiritual entre a criatura e o Criador. Aclamado pelo povo uma das Sete Maravilhas do Distrito Federal, o TBV é o monumento mais visitado da capital brasileira, conforme dados oficiais da Secretaria de Estado de Turismo do Distrito Federal (Setur-DF), e, desde que foi inaugurado, recebe anualmente mais de um milhão de peregrinos.

Paiva Netto criou, para propagar a Cidadania Espiritual (conceito preconizado por ele), a Super Rede Boa Vontade de Comunicação (rádio, TV, internet e publicações).

É escritor de referência internacional e autor de vários *best-sellers*. Com seus livros, Paiva Netto alcançou a expressiva marca de mais de 6 milhões de cópias vendidas. Também tem artigos publicados em importantes jornais e revistas do Brasil e do exterior, por exemplo: *Diário de Notícias, Jornal de Coimbra, Correio da Manhã, Jornal de Notícias, O Primeiro de Janeiro, Notícias de Gaia, Voz do Rio Tinto, Jornal da Maia* e *O Público* (Portugal); *Time South, Jeune Afrique* e *African News* (África); *Daily Post* (circulação internacional); *Clarín* (Argentina); *Jornada* (Bolívia); *El Diário Notícias* e *ABC Color* (Paraguai); *El Pais* (Uruguai); e para a *International Business and Management* (China) e *Deutsche Zeitung* (Alemanha).

Sobre seu estilo literário, o escritor norte-americano Errol Lincoln Uys observou: *"Paiva Netto, sendo um homem prático, não deixa de ter alma de poeta"*. Segundo a definição do eminente professor, jurisconsulto e tratadista José Cretella Júnior (1920-2015), *"é um exímio estilista, sempre em dia com as novas"*. Valdir Andres, jornalista, advogado, fundador do periódico *A Tribuna Regional*, de Santo Ângelo/RS, e atual prefeito dessa cidade, assim declarou: *"É uma honra imensa abrigar os conceitos, as opiniões, a pena brilhante do professor Paiva Netto em nosso jornal"*. Na opinião do mestre de professores Moacir Costa Lopes (1927-2010), *"é um escritor de muito talento"*.

TBV — 26 anos

Aclamado pelo povo como uma das Sete Maravilhas de Brasília/DF, Brasil, o Templo da Boa Vontade (TBV), símbolo maior do Ecumenismo Divino, desde que foi fundado por Paiva Netto, em 21/10/1989, já recebeu mais de 25 milhões de peregrinos e turistas. Segundo dados oficiais da Secretaria de Estado de Turismo do Distrito Federal (Setur-DF), é o monumento mais visitado da capital do país. Ao lado do ParlaMundi e de sua sede administrativa, o Templo da Paz forma o Conjunto Ecumênico da Legião da Boa Vontade. Visite: Quadra 915, Lotes 75/76. Informações: (61) 3114-1070/www.tbv.com.br.

CONHEÇA O TRABALHO DA LBV

www.lbv.org.br

BOA VONTADE TV
Web: www.boavontade.com/tv
Oi TV – Canal 212 (exceto São Paulo/SP)
Net Brasil – Canal 196
Claro TV – Canal 196

KIT SAT BOA VONTADE
Frequência: 3.649.00 MHz • Symbol Rate 3002 Banda C • Polarização descida: horizontal • Satélite: Star One C3.

ANTENA PARABÓLICA — CANAL TERRA VIVA
Programa *O Poder da Fé Realizante* • De 2ª a 6ª, das 7h às 7h30 • Frequência: 1.360 MHz • Polarização descida: horizontal • Satélite: Star One C2

NET
No Estado de São Paulo: Sertãozinho (canal 9), Americana, Araras, Hortolândia, Limeira, Mogi-Guaçu, Mogi-Mirim, Rio Claro, Santa Bárbara D'Oeste, Sumaré (canal 192) e São José dos Campos (canal 15).

OUTRAS TVS POR ASSINATURA
CANAL 24 — Telec NE: São Luís/MA; CANAL 33 — Cabo Serviços de Telecomunicações: Natal/RN e Mossoró/RN; CANAL 29 — TV Costa do Sol: Cabo Frio/RJ; CANAL 26 — TVC Assis: Assis/SP; CANAL 29 — TVC Ourinhos: Ourinhos/SP; CANAL 26 — Pontal Cabo: Penápolis/SP; CANAL 39 — TVCA Tietê: Tietê/SP; CANAL 45 — TV Conectcor: Jaú/SP e Dois Córregos/SP; CANAL 34 — RCA: Curitiba/PR e Paranavaí/PR; CANAL 23 — TV a Cabo São Bento: São Bento do Sul/SC; CANAL 36 — Sarandi TV a Cabo: Sarandi/PR; CANAL 48 — TVN Telecomunicações Nordeste: São Luís/MA.

TV ABERTA
CANAL 45.1 digital: São Paulo/SP e Grande ABCD; CANAIS 11 e 11.1 digital: São José dos Campos/SP; CANAL 7: Guaratinguetá/SP; CANAL 21: Mococa/SP (das 23 às 11h e das 13 às 19h), Santa Rosa do Viterbo/SP e Cássia dos Coqueiros/SP; CANAL 31: Brodowski/SP (de 2ª a 6ª, da 0 às 10h, das 16 às 21h e das 22 às 24h; sábado, de 0 às 9h e das 16 às 24h; domingo, da 0 às 24h); CANAL 35: Pindamonhangaba/SP; CANAL 40: Cruzeiro/SP e Monteiro Lobato/SP; CANAL 69: Tapiratiba/SP e Guaranésia/MG; CANAL 58: Campos do Jordão/SP e Poços de Caldas/MG; CANAL 9: Águas Formosas/MG; CANAL 32: Arceburgo/MG; CANAL 51: Luz/MG; CANAL 23: Glorinha/RS; CANAL 26: Guarapuava/PR; CANAL 28: Londrina/PR e Umuarama/PR; CANAL 29: Marechal Cândido Rondon/PR; CANAL 41: Campo Mourão/PR; CANAL 50: Paranavaí/PR; CANAL 53: Apucarana/PR; e CANAL 49: Boa Vista/RR.

SUPER REDE BOA VONTADE DE RÁDIO

Internet: www.boavontade.com/radio

Emissoras de rádio:
BRASIL: AM 940 kHz - Rio de Janeiro/RJ • AM 1.230 kHz - São Paulo/SP • AM 1.300 kHz - Porto Alegre/RS • OC 25 m - 11.895 kHz - Porto Alegre/RS • OC 31 m - 9.550 kHz - Porto Alegre/RS • OC 49 m - 6.160 kHz - Porto Alegre/RS • AM 1.210 kHz - Brasília/DF • FM 88,9 MHz - Santo Antônio do Descoberto/GO • AM 1.350 kHz - Salvador/BA • AM 610 kHz - Manaus/AM • AM 550 kHz - Montes Claros/MG • AM 550 kHz - Sertãozinho, região de Ribeirão Preto/SP • AM 1.210 kHz - Uberlândia/MG • AM 1.310 kHz - Maringá/PR (de 2ª a 6ª, das 16 às 19h) • AM 1.270 kHz - Curitiba/PR (das 16 às 19h) • AM 1.210 kHz - Araçatuba/SP (de 2ª a sábado, das 16 às 19h) • AM 820 kHz - Goiânia/GO (das 22 às 6h) • FM 95,1 MHz - Recife/PE (de 2ª a 6ª, das 21 às 22h) • Oi TV - canal 989

EXTERIOR: Buenos Aires, Argentina: FM 104.7 (de 2ª a 6ª, das 5 às 6h e das 10 às 11h; sábado e domingo, das 7 às 8h e de 18h às 19h) e AM 1.590 (de 2ª a 6ª, da 0 à 1h e das 18 às 19h) • La Paz, Bolívia: AM 860 (de 2ª a 6ª, das 7 às 8h e das 13 às 14h) • Assunção, Paraguai: FM 90.7 (de 2ª a 6ª, das 8 às 9h) • Portugal — Lisboa: FM 92.8 (diariamente, das 23 à 0h) — Coimbra: FM 96.2 (diariamente, das 7 às 8h) e Pampilhosa: FM 92.6 (diariamente, das 15 às 16h).

PORTAIS
www.boavontade.com
www.religiaodedeus.org
www.jesusestachegando.com

Correspondência para o autor:
Rua Sérgio Tomás, 740 — Bom Retiro
São Paulo/SP — CEP 01131-010
E-mail: paivanetto@lbv.org.br

Conheça mais sobre o autor no *blog*
PaivaNetto.com

Escreva para a Editora Elevação
Av. Eng. Luiz Carlos Berrini, 1.748,
cj. 2.512 • CEP 04571-000
São Paulo/SP
Tel.: (11) 5505-2579
www.elevacao.com.br
sac@elevacao.com.br